Mes années barbares

ANNE LORIENT
MINOU AZOULAI

Mes années barbares

Éditions
de La Martinière

Les noms des personnes et de certains lieux cités dans cet ouvrage
ont été modifiés afin de préserver l'anonymat de l'auteur.

ISBN 978-2-7324-5800-7

© 2016 Éditions de La Martinière,
une marque de la société EDLM

*La colère vide l'âme de toutes ses ressources,
de sorte qu'au fond paraît la lumière.*

Friedrich Nietzsche

*Il y a ce qu'on a fait de toi,
il y a ce que tu fais de ce qu'on a fait de toi.*

Jean Cocteau

Je prends la boîte d'anxiolytiques qui traîne dans la chambre de ma mère. J'en avale le contenu d'un seul trait avec un grand verre d'eau, je vais m'allonger sur mon lit, sans le défaire.

Il est déjà tard dans l'après-midi quand mon père, rentrant du travail, me trouve inanimée. Les pompiers. L'hôpital. Un lavage d'estomac effectué avec brutalité, « pour lui faire mal et lui donner une leçon », précise l'infirmière. Je ne sais que répondre, à elle, à mon père – il est le seul de la famille à me rendre visite pendant mon séjour. J'ai honte. Ma mère refuse de me voir. Elle aussi a honte… comme quelques années plus tôt, quand, à treize ans, j'ai vidé une boîte de comprimés, premier appel au secours. Je ne suis pas passée par l'hôpital cette fois-là, mon père m'a réveillée à temps et la dose était moins forte.

Dans mon milieu bourgeois de Beauvais, une tentative de suicide est forcément mal vue, elle pointe du doigt mes parents, délie les langues et les fantasmes, laisse les questions sans réponse. Il vaut mieux se taire et passer sous silence cette entorse aux convenances. Mon geste ? Juste une lubie d'adolescente, une bêtise. Pourtant nous devrions tous avoir honte, nous tous qui savons pourquoi j'ai atteint le point de non-retour, pourquoi je suis là...

Ma mère ne vient pas non plus me voir dans l'institution médicale où je reste un mois. La maison de la fondation Rothschild est une vieille bâtisse entourée d'un grand parc, à Chantilly. La réflexion stupide de l'infirmière qui a fait mon lavage d'estomac me revient sans cesse à l'esprit. Elle ne connaît rien de ma vie, rien de ce que je subis, elle ne comprend pas mon désespoir. Y aurait-il un âge légitime pour supporter la souffrance, en tirer une leçon ?

Dans cette maison de repos aux allures de château, ma chambre est immense, les draps de mon lit sont blancs, très blancs, j'entends leur froissement dans le silence, ce doux bruit me rassure. Le blanc des draps. Ce blanc qui efface la mémoire et la rend sélective. Et puis, comme à retardement, ce noir qui amplifie les cris – mes cris. Ils m'éclatent à la figure, ils m'assourdissent, me coupent les jambes et me font retomber dans le monde opaque de mon enfance. Ici, on m'empêche de penser à coups de médicaments, comme tous les vieux qui m'entourent, dociles, ralentis, cela arrange forcément tout ce petit monde médical.

Je me souviens d'ombres féminines, de chuchotements près de mon lit, de verres qu'on me tend, de cachets à avaler. Puis, à nouveau, le silence. De temps en temps, je sens de l'eau couler sur mon corps, des mains compatissantes me lavent avec douceur. J'ai dû dormir une dizaine de jours d'affilée avant de me réveiller, d'avoir faim et de manger tout ce que l'on me servait sur le plateau gris en plastique.

Une psychologue vient régulièrement à mon chevet. Ce jour-là, elle m'accompagne pour visiter le centre. Je découvre le réfectoire, une grande salle vitrée où je n'ai ni l'envie ni la force d'aller m'attabler. Je préfère le silence et mes draps blancs. Je pense par bribes, par flashes, des odeurs remontent, des haut-le-cœur de dégoût, mais je suis incapable de parler.

Entre autres examens, j'ai droit à une consultation gynécologique. Le médecin découvre les viols que j'ai subis. Silence rompu, peur panique. Il essaie de comprendre, il me pose des questions. Impossible d'avouer qui, comment et pourquoi. Je suis tétanisée, surtout lorsque la psychologue me signale que la police aussi attend des réponses. La police ? Pour quel crime, la police ? Qu'ai-je donc fait de mal ? Ils sont fous. Ce branle-bas de combat me terrorise. Ils convoquent mes parents, mon frère, ma sœur. En bloc, tous réfutent les questions, ils m'accusent de mentir, même mon père… Une trahison en masse, une trahison terrible. Ils repartent à la maison. Je ne sais même pas si je les déteste, ils m'abandonnent une fois de plus. Je reste dans mon immense chambre, je n'ai pas envie d'en sortir, d'affronter le regard des autres. Je ne me regarde plus dans le miroir et les infirmières qui me coiffent tirent fort sur mes cheveux en criant, pour me faire réagir. Rien.

Au moins, ici, je ne crains pas les pas dans l'escalier, ici, on frappe à la porte, on entre dans ma chambre pour me soigner, pas pour me détruire ; je me crois en sécurité.

Jusqu'au jour où mon frère me rend visite. Son audace me sidère. Évidemment, ici, personne ne sait que c'est lui... Lui, le premier homme qui m'a violée. Ils l'ont laissé venir dans ma chambre avec son air hautain, déterminé. Il n'en a pas le droit, il a sans doute joué de sa faconde, de son assurance et embobiné l'infirmière ou la psychologue. Je suis clouée dans mon lit, une nouvelle fois je ne peux lui échapper. Je transpire, mes yeux se voilent, je suis en asphyxie mentale et physique.

Il s'assoit près de moi, sur mes draps blancs, il me regarde en silence, avance sa main vers ma cuisse. Ce geste me brûle... Ses yeux brillent d'un plaisir retenu, d'un sadisme tranquille et moi, je tremble. Il me somme de me taire, ici, maintenant, et plus tard, devant les médecins, et toujours. Il me raconte les disputes avec nos parents, tout est de ma faute, bien sûr, puisque personne n'ose l'accuser... Il me dit que mon « joli corps » lui appartient, que quand je rentrerai à la maison, il recommencera.

Un sourire sadique aux lèvres, il écarte les draps, puis ma chemise, il palpe mes seins, il les pince et me répète qu'ils sont à lui, que personne au centre n'a intérêt à les toucher. Puis se relève brusquement, appelle l'infirmière, lui signale ma pâleur, « elle doit sûrement manquer de vitamines ». Il quitte la chambre.

Je serre les dents, les poings, je m'accroche aux oreillers pour ne pas hurler. Cela ne suffit pas, je me fracasse la tête sur les murs en me balançant en arrière, j'ai besoin d'avoir mal pour évacuer ma peur. Les coups résonnent dans ma tête, m'assomment, je tape sans fin, le sang coule derrière mes oreilles, je n'entends pas les agents hospitaliers qui essaient de me retenir. Un ultime coup, plus fort, et je me recroqueville comme une masse. Au réveil, je suis attachée aux barreaux du lit par des liens verts en coton. J'ai encore aujourd'hui la marque de cette blessure à l'arrière de mon crâne.

La thérapeute multiplie les tentatives pour me faire parler. En vain. Comment lui faire confiance ? Elle s'est laissé berner par mon frère ! D'ailleurs, tous les mots que je retiens sont des bombes à retardement. Je sens que si j'en lâche un, mon esprit peut imploser et causer d'irréversibles dommages collatéraux.

Ce jour-là, au self-service, après le déjeuner, j'ai pu attraper un couteau. De retour dans mon antre, dans la petite salle de douche, je me taillade les poignets que je cache sous les longues manches de ma blouse. C'est la pensionnaire de la chambre d'à côté qui alerte les médecins sur mon étrange comportement. Ils me soignent par quelques points de suture et préviennent ma famille.

Mon père vient, seul. Il m'apporte des vêtements de rechange, quelques livres de sa librairie, des cahiers, des stylos, des crayons pour écrire et dessiner. Désemparé et triste, il pleure avec moi. Oui, il sait pour la visite de mon frère, il imagine ses menaces. De son propre aveu, il sait tout, il nous a même surpris un jour dans ma chambre de gamine – et il est reparti. Bouche cousue, cœur déchiré.

La réalité lui est insupportable, autant que sa lâcheté. Lui aussi a peur, de son fils, de la noirceur de la situation, peur de voir la famille exploser, du regard des gens dans notre village où il tient un rôle social auprès de la mairie ; il ne veut pas entacher sa réputation... Il se sent impuissant, incapable de faire changer les choses pour me protéger. C'est peut-être difficile à comprendre, mais je ne lui en veux pas de m'avoir sacrifiée pour sa « réputation ». Je ne lui en veux pas de son déni ; après tout, il ne m'a jamais privée ni de compassion, ni de tendresse. C'est mieux que rien.

Durant plusieurs jours, je marche seule dans le parc à Chantilly, je me couche sur la terre, j'en saisis des poignées et m'en frotte les membres, je me cache derrière les grands peupliers, leurs cimes touchent le ciel, ils parlent sûrement avec le paradis, j'essaie moi aussi, je cherche un chemin d'innocence, loin de ma vie pourrie. Je regarde la canopée, les nuages et je rêve... On pourrait me prendre pour une folle, d'ailleurs je le suis devenue, mais personne ne se soucie de moi et cela me convient. Les agissements de mon frère m'ont mise hors du monde, je ne suis plus à ma place nulle part, ni dans cette maison de repos, ni chez moi, ni même dans mon propre corps.

C'est donc dans ce joli parc fleuri, en dessinant la nature alentour, en recouvrant le goût de la vie grâce aux couleurs de mes crayons, que je prends la décision de quitter ma famille. Pourtant, sans le savoir, le personnel soignant me renvoie dans la gueule du loup. Puisque je ne veux rien dire, puisque tout le monde se tait et que mon état s'améliore, on ne peut pas me garder plus longtemps, je dois rentrer à la maison, retrouver ma chambre de torture, affronter ma solitude, les supporter encore. Je n'ai pourtant plus rien à faire avec eux, ma mère, mon frère, mes deux sœurs, mon père... À la maison, j'y resterai jusqu'à ma majorité, pas un jour de plus. Deux ans à attendre mes dix-huit ans, deux ans à refouler ma peur.

En attendant, je retourne au lycée, au moins là il ne me touche pas et je ne suis pas obligée de ramasser ma mère. J'y traîne ma tristesse, je coche chaque jour qui passe sur un calendrier de la poste, je lis mal, j'écris mal, je perds tous mes repères cognitifs et intellectuels. Chez moi, il règne un silence coupable. Ma mère ne me pose aucune question. Mon frère ne m'approche pas, il ne me parle pas non plus, il se contente de murmurer des mots obscènes ou de les former sur ses lèvres en me regardant de loin. Fourbe comme il est, il a sans doute perçu ma détermination et sent que son pouvoir s'effrite. Pourtant, je sais qu'il sévit encore, qu'il a jeté son dévolu sur ma petite sœur, sa nouvelle proie. J'essaie en vain de l'en détourner, de le faire revenir dans ma chambre pour assumer le mauvais boulot, après tout ce qu'il m'a fait, je n'ai plus rien à perdre... Chaque soir, quand mon corps ne lui suffit plus, je me bouche les oreilles, j'enfouis ma tête sous l'oreiller pour ne pas entendre les cris de la petite.

Je fréquente de plus en plus la librairie de mon père. Je vais voir mes voisines, elles et leurs parents m'accueillent toujours chaleureusement. Je suis tellement annihilée que je n'envie même pas leur paisible chambre de fille. À vrai dire, je ne me souviens plus de ce qu'il y a dans la mienne, comme si tout ce qui s'y passe en avait effacé le décor, à tout jamais.

Quelquefois je fugue la nuit pour me réfugier chez l'une d'entre elles. Son père, vétérinaire, m'accueille avec compassion et gentillesse ; il m'offre un chocolat chaud ou un thé, me garde près de lui le temps que je reprenne mes esprits. Un soir, cet homme, que je revois encore, me fait couler un bain pour me détendre et me réchauffer. Il est horrifié de découvrir les traces de coups sur mon corps et l'état de mon bas-ventre, les rougeurs autour de mon vagin, bouleversé par ce que je lui raconte entre mes larmes. Les jours suivants, il fait des tentatives pour signaler ces violences à mon père ; celui-ci écoute, s'excuse, avoue sa peur et son effroi, pire, le convainc de se taire. La loi du silence est la plus forte, pour lui, pour ce voisin, qui à sa manière me réconforte tout en laissant perpétrer les crimes commis dans mon lit de gamine. L'omerta recouvre toute velléité d'agir, elle sauve les apparences dans ce village où il faut faire comme si tout allait bien. Peu importe les jeunes filles qui se font massacrer au cœur de leur famille, peu importe leur parole, leur souffrance, leur avenir ! On ne se mêle pas des histoires des autres...

Est-ce mieux aujourd'hui ? Je ne crois pas, à entendre les témoignages de femmes victimes, incapables de raconter, de dénoncer le viol, surtout s'il est intrafamilial, avant de nombreuses années. Je doute encore en voyant que la France est incapable de donner des chiffres précis sur l'inceste, la maltraitance des enfants, la pédophilie. Selon les dernières statistiques de 2009, deux millions de personnes seraient victimes d'inceste. L'abjection a du mal à franchir le seuil des familles ou des institutions, elle ne peut pas se traduire en chiffres. J'en suis même sûre, à lire les affaires d'Outreau, celles de Marc Dutroux, de Michel Fourniret, ou les faits divers récurrents qui relatent des agressions perpétrées dans les transports en commun sans que personne ne bouge.

Malgré tout, j'ai peur de partir, de quitter ce cocon familial toxique ; je n'ai pourtant pas le choix, c'est une question de survie.

La rue des Vignes est petite, à l'aune de mon village d'Auneuil où vivent quelques milliers d'habitants. Ah ! le jour du Seigneur, tout va bien. Ils sortent, endimanchés, prennent des mines de circonstance et prient assidûment dans leur vieille église, comme ma mère, tout sourire, habillée en bleu marine et blanc telle une jolie châtelaine sortant de son manoir. Comme mon frère, qui a longtemps été un irréprochable enfant de chœur et le meilleur ami du prêtre, à qui il offre des apéritifs qui n'en finissent pas à la maison… La comédie humaine a de beaux jours devant elle, la décadence se déploie dans toute sa splendeur.

Mais c'est ici que je suis née, ici que j'ai essayé de grandir. Je me souviens d'y avoir passé du bon temps, d'y avoir joué à la bataille d'eau avec mon père quand on lavait ensemble sa voiture, une R12 bleu métallisé. Je me souviens de nos promenades en forêt, de nos conversations animées, des jours où il me tenait par la main, comme un papa.

Ici, tout a commencé, ici, ma vie de petite fille s'est brisée.

Dans notre petit pavillon de deux étages, entouré d'un grand jardin, nous ne manquons de rien. La tendresse familiale ? Elle n'existe pas, ou si peu. De toute façon je n'y ai pas droit... Notre vie de province est confortable, mes parents très occupés par leur travail. Ma grande sœur s'éloigne peu à peu. À sa manière, elle fuit notre famille, aurait-elle vu ou entendu quelque chose ? Mon frère l'aurait-il menacée ? Je ne le saurai jamais. Je joue beaucoup avec ma cadette, je dessine dans ma chambre et je m'amuse avec mon gros chien affectueux. Mes meilleures copines habitent les pavillons d'en face. Leur proximité est précieuse. À trois, nous grimpons souvent dans le cerisier pour nous cacher, échanger nos secrets et regarder les autres s'agiter plus bas.

Mon frère, de douze ans mon aîné, traîne toujours avec ses copains. Il est grand et beau, ce frère. Un excellent élève, si brillant qu'il décidera de suivre Sciences-po, et il réussira, forçant l'admiration de mes parents, de nos amis, de tous les notables du coin. Tout le monde aime ce jeune homme volubile, cultivé. Sa longue et fine silhouette séduit. Personne ne soupçonne, ne soupçonnera jamais son côté sombre, ses infamies, sa perversité. Plutôt serviable, il donne le change, m'accompagne à l'école en voiture dès qu'il apprend à conduire pour m'éviter le trajet à pied à travers champs. J'apprécie ces moments où il joue les grands frères attentionnés, nous nous retrouvons et nous discutons des petites choses de la vie.

J'ai six ans, des boucles brunes et des petites couettes tenues par un élastique. Je souris sur les photos, mais mon innocence est déjà mise à mal. Je souffre à cause de la maladie de ma mère, une femme dynamique, issue d'une riche famille de châtelains vivant en huis clos dans leurs tours du Val de Loire. Ma mère, une personne dépressive, froide, distante, alcoolique. Pour elle, aussi loin que je me souvienne, je suis déjà une « ratée » comparée à mon frère, cet « être merveilleux ». Quand elle ne gère pas la comptabilité de mon père à la librairie, elle s'occupe de nous. Certes, elle ne démérite pas, travaille beaucoup, cultive ses relations, accompagne mes aînés dans leurs déplacements, nous concocte des clafoutis – la seule douceur qu'elle est capable d'offrir – pour satisfaire notre gourmandise.

Le reste du temps, elle boit pour briller en société, pour faire honneur aux notables ou aux prêtres qui viennent dîner à la maison. Ensemble, ils rient, mangent, boivent encore et encore, et nous mettent à contribution avec des « petits canards » trempés dans le whisky, nous poussent à avaler les fonds de bouteilles que je vomis plus tard avant de m'endormir. En dehors de ces agapes, ma mère reste souvent dans sa chambre, incapable de quitter son lit, imbibée par le rosé. Je sais qu'elle cache des paquets de bonbons à la menthe dans son armoire pour faire oublier son haleine avinée. Longtemps je me sentirai obligée de surveiller sa consommation de vin, de vérifier les niveaux sur les barriques de quatre ou cinq litres de rosé. Parfois je jette tout dans l'évier de la cuisine. J'exècre ce liquide rose, rouge ou blanc, selon le goût du jour, qui l'empêche de m'aimer. Elle m'attrape en chancelant, elle crie, elle tombe. Une fois le placard vidé, elle quitte la maison, part à pied en zigzaguant sur la route pour trouver une nouvelle bouteille. Prête à tout, même à se faire écraser pour cet abject breuvage.

Elle me parle à peine, je n'existe pas vraiment pour elle, c'est pourtant moi qui la soigne quand elle se blesse ou s'écroule, ivre morte, dans l'escalier ; moi qui la traîne, seule, jusque dans sa chambre, portée par la force de ma colère et de ma frustration, car je n'ai aucun moment de complicité avec elle, ni mercis ni câlins. Mais au nom de la morale sans doute, parce qu'elle est ma mère, je ne peux que l'aimer et la supporter, surtout pas la détester.

À treize kilomètres d'Auneuil, mon père tient sa librairie-papeterie qui sent bon le papier, les journaux et l'encre d'imprimerie, les livres neufs aux pages encore collées, les cahiers d'écoliers à grands et petits carreaux, les gommes et les crayons. De temps en temps, il m'embauche pour l'aider. Je joue à la vendeuse, ou à l'acheteuse quand « nous montons » à Paris pour un réapprovisionnement. À la lectrice aussi… Pendant près de dix ans, je feuillette tous les livres, je découvre Proust et Hugo, je savoure *Les Lettres persanes* de Montesquieu et m'initie à la psychologie ; je cherche dans les ouvrages à ma disposition le moyen de sortir de l'enfer dans lequel je tombe un peu plus jour après jour. J'annote des bouquins de mon prénom, d'un « oui » ou d'un « non » dans la marge. Quelques clients mécontents les rapportent, mon père s'en amuse, efface mes petits mots et leur rend les livres. Tout le monde l'apprécie et il apprécie tout le monde. Cet homme réservé, attentionné, souriant, est assez malin pour sortir tôt le matin et rentrer tard le soir, échappant ainsi à la lourdeur du climat que ma mère fait régner à la maison. Réfugiée dans ma chambre, je les entends se disputer avant que les portes claquent et que mon père se précipite dans sa voiture pour aller retrouver le calme de sa librairie.

Ce soir-là, il est à la mairie.

Mon frère rentre avec des copains, ils sont chargés de canettes de bière et de bouteilles de whisky. Ils échangent des plaisanteries graveleuses sur les femmes, se vautrent au salon en riant. Ma mère est dans son lit, ivre. Moi, cachée dans l'escalier, apeurée par les cris des garçons, écœurée par le comportement de mon frère que je croyais un type bien. Deux heures plus tard, ils s'en vont en titubant. Rassurée, je remonte dans ma chambre sans même passer par celle de ma mère.

Mon frère déboule avec un livre et s'installe sur mon lit.

– Viens là, allonge-toi près de moi, et commence à lire.

C'est un ordre. Je ne pose pas de question, son ton autoritaire m'impressionne. J'obéis et ouvre le livre qu'il me tend. Ce n'est ni *Alice au pays des merveilles*, ni *Blanche-Neige et les sept nains*. De toute façon, je ne sais pas encore lire. Je découvre une suite de scènes étranges, violentes, obscènes, je ne comprends rien, mais lui jubile. Il déboutonne son jean et sort son sexe. Je n'ai jamais vu ça, je n'ai que six ans. Je referme le livre en hurlant, il me bâillonne de sa main, me somme de me taire pour ne pas réveiller « Maman ». D'une voix adoucie, il me dit que c'est un jeu, que je ne dois pas avoir peur, que c'est normal qu'une petite fille obéisse à son grand frère. Il prend ma main, la pose sur son sexe, il reprend le livre et lit à haute voix, il fait des mouvements avec sa main sur la mienne, j'essaie de me dégager, je n'y arrive pas. Puis il tombe en arrière dans un râle. Un sourire de monstre éclaire son visage.

J'en profite pour sortir de ma chambre en appelant ma mère au secours, mais elle aussi crie. Elle veut que je la laisse tranquille, elle ne comprend rien de ce que je lui raconte. Je quitte la maison, pieds nus sur la route, le voisin d'en face me voit et me demande si tout va bien. Je ne réponds pas, j'attends mon père, il doit me sauver. Il arrive, gare sa voiture et court vers moi. Je pleure, je n'ose plus lui dire la vérité. Il pense que ma mère a encore fait des siennes, qu'elle est complètement soûle. Je ne démens pas, il me prend dans ses bras et nous rentrons à la maison. Mon frère est installé devant la télévision, silencieux, imperturbable. Pas un regard vers nous. J'ai peur de remonter dans ma chambre. Je sais que quelque chose de grave s'est passé ce soir. Je me recroqueville dans l'escalier pour pleurer sans bruit, attendant que mon frère aille se coucher.

À partir de ce moment-là, mon-frère-ce-monstre est venu régulièrement dans ma chambre se masturber devant moi en reluquant ses livres pornos. Et moi, je ne suis plus moi. À force de me taire, je vomis ma vie un peu chaque jour, dans les toilettes. Je ne fais plus rien à l'école, ni mes devoirs, ni les jeux à la récréation, j'ignore même ce que signifie jouer à la poupée. Je suis triste, fatiguée, apeurée. Je ne suis plus une petite fille comme les autres. Je ne connais pas l'ampleur du mal subi, mais mon chagrin est profond. Je devine que ce qui m'arrive est anormal, que mon frère est un salaud. Et pire, que personne dans ma famille ne veut savoir qu'il vient dans ma chambre.

Ma petite enfance s'est achevée cette année-là, catapultée par des images pornos et l'horrible vision du sexe de mon frère.

Et plus encore ! Un soir, il débarque dans la nuit, ivre, il met sa main sur ma bouche et me viole. Son poids est écrasant sur mon corps de gamine, son buste poilu me dégoûte, son souffle dégage une odeur que je n'oublierai jamais. Son sexe a laissé une trace de sabre en moi. J'ai perdu l'esprit, il m'a volé mon enfance, mon adolescence, ma virginité, ma vie. Il les a détruites en quelques coups de hanche. Il en a disposé au gré de ses pulsions.

Même ses copains ont profité de l'aubaine, il leur a généreusement offert sa petite sœur – moi. Ils sont revenus se soûler la gueule, ils sont montés dans ma chambre et ont disposé de mon corps. Et lui, avec son regard salace, son sourire sadique, de m'avouer que grâce à moi, ses copains lui paient en retour des places de cinéma et des bonbons. Frère, pédophile et proxénète. J'ai envie de lui cracher dessus, de le frapper. Je me tais. Quoi qu'il en soit, mes nuits n'ont plus été qu'une succession de viols, vaginaux et anaux, de silences et de râles. Mes jours interminables et mutiques. La peur au ventre, les douleurs et le feu entre les jambes, l'esprit en bouillie et la solitude en prime.

J'ai quatorze ans. Mon corps se déforme, un enfant se niche dans mon ventre, je reconnais les symptômes, on en a parlé au collège. Je panique, je ne peux rien dire, je ne veux pas de ce monstre issu de monstres, je ne sais pas comment m'y prendre. J'en parle au seul homme qui m'écoute, ce voisin vétérinaire. Il est en colère, il cherche un moyen de m'aider, mais pour la première fois il me laisse tomber, il n'a pas de réponse, la situation lui échappe beaucoup trop. Alors un soir, je monte dans mon cerisier, je me jette de l'arbre et tombe sans bruit de deux mètres de hauteur, le ventre en avant. Dans la chute, je me protège instinctivement avec mes poignets, ils se retournent. La douleur est terrible, j'oublie mon ventre. Je saigne entre les jambes. Avortement réussi. Pendant quelques jours, je perds des caillots de sang. Mes poignets gardent aujourd'hui encore une grande fragilité.

Je grandis en victime, parce que ce jeune homme bien sous tous rapports est un bourreau dont je partage la vie et qu'il n'a de cesse de me faire du mal pour se faire du bien. Pendant mes années collège, je ne suis même pas effarouchée d'avoir des relations sexuelles avec d'autres garçons, il leur suffit de me forcer un peu, de me menacer. Je trouve cela normal. Mon esprit s'est disloqué. Pendant les récréations, devant les murs de briques froides et rugueuses, je frotte ma peau jusqu'au sang. Les élèves me prennent pour une folle, mais moi, j'ai besoin de me flageller pour réprimer mes cris !

Mon frère a fait de moi un objet sexuel, sa chose, son sexe, sa pute, son esclave.

Face à cette adolescente délirante et silencieuse, les professeurs, intrigués, me font passer une visite médicale. Ils découvrent l'étendue des dégâts et convoquent mes parents. Mon père se rend au collège, paniqué, mais oppose un déni absolu. Comme plus tard à la maison de repos, comme toujours. Il n'assume pas, n'a sans doute jamais accepté l'inacceptable. Mes silences forcés ne l'ont pas vraiment encouragé à réagir, mais les convenances sont sauves, pour lui, pour ma mère, dont les rares regards jetés sur ses filles sont embués par les litres de rosé. Pour mon frère, qui a pu accomplir ses forfaits en toute impunité. Pour toute une famille de taiseux coupables, responsables et englués dans une cruelle dénégation. Mon frère n'est qu'un manipulateur qui a culpabilisé mes proches au nom du lien familial. Il a commis la trahison suprême, semé la zizanie pour mieux régner, il a misé sur le silence plutôt que sur le dialogue, il ment en permanence et pratique le chantage ouvertement. Et moi ? Moi, je vis encore avec ma mémoire traumatique, faite de trous béants et de rémanences violentes qui me plongent dans le même état de sidération que l'année de mes six ans et m'empêchent de contrôler mes émotions.

À seize ans, seconde fausse couche. Cette fois-ci, je me rends au planning familial pour me faire avorter. Le

père ? Je réponds, sans conviction, « un copain du lycée ».
Ma mère apprend ma démarche et rit de mes « bêtises ».

– Tu es trop jeune pour avoir des rapports sexuels avec
tes copains, me lance-t-elle.

Elle me donne des envies de meurtre. Dans cette maison
où vit une vraie-fausse famille fantomatique, les jours se
suivent et se ressemblent dans une litanie de non-dits.
Le secret de l'inceste enfle, il nous dévore telle une bête
rampante, immonde, que personne n'ose affronter.

On dit qu'avec le temps les souvenirs s'effacent. Faux !
Les miens persistent, des flashes violents s'entrechoquent,
me rendent folle de rage, de désespoir, de fatigue soudaine.
Me vient une image, je pourrais faire un collier de mes
douleurs, elles s'ajoutent les unes aux autres comme des
perles qui griffent ma peau, s'enroulent autour de mon
corps, l'enserrent jusqu'à l'emprisonner.

J'ai lu cette phrase de Paul-Claude Racamier, un psychanalyste : « Il n'y a rien à attendre de la fréquentation des
pervers narcissiques, on peut seulement espérer s'en sortir
indemne. » On ne s'en sort pas indemne, ni moi ni les
nombreuses victimes, femmes ou hommes, ayant approché
ce genre d'individus. Comment garder intacte sa personnalité
alors qu'elle est flouée, foulée chaque jour ? Un pervers
narcissique ? Je ne sais même pas si mon frère est de cette
trempe, il rejoue en permanence *Dr Jekyll et Mr Hyde*, sa
toute-puissance l'aveugle et trompe son entourage. Indemne,
non, marquée pour la vie, oui. Mais mon frère m'a mise
en miettes, il ne m'a pas tuée. Je résiste et me résigne, je

subis et me tais. Au fond, j'adopte la même attitude que mes parents, je suis gouvernée par la même peur. Comme eux, je choisis le silence.

J'attends ma majorité, je n'ai qu'une seule envie : disparaître. Pas mourir, j'ai essayé, j'ai échoué. Je veux vivre à Paris, me perdre dans la grande ville, oublier les lieux familiers devenus scènes de crime, au mieux me donner une nouvelle chance de grandir autrement, et d'être moi-même ou une autre... Trois jours avant mes dix-huit ans, je prépare discrètement une valise. Dans le carnet de ma mère, je prends l'adresse d'une tante parisienne qu'elle évoque souvent dans ses conversations avec les autres.

Huit heures du matin. Je me dépêche pour aller à la gare prendre le train pour Paris, sans titre de transport, sans dire au revoir, avec juste quelques billets piochés dans la caisse de la librairie.

Vingt mètres plus loin, je me retourne sur le petit pavillon où je suis née. Tristesse de laisser ma petite sœur qui subit les mêmes violences que moi. Mais je la retrouverai plus tard, je dois sauver ma peau, rompre avec ceux qui n'ont pas su m'aimer, pour ne pas me laisser dévoyer par la haine.

Le bercement du train m'apaise à peine, je ne sais plus si je suis oppressée, soulagée, contente ou inquiète. Mes pensées les plus noires se disputent la place. Mon frère sur moi, ses râles, ses mains énormes. Les paroles doucereuses de ses copains dans mes oreilles, ils crachent leurs obscénités avant de me porter l'estocade. Mes douleurs au bas-ventre, les cris de ma petite sœur qui résonnent dans ma tête, l'assourdissant silence de mes parents. Ma mère dans l'escalier. Je sens encore l'odeur du rosé, celle de mon corps après le viol et j'ai la nausée. Et mon joli cerisier, mes copines, les attentions du voisin. Tout se bouscule, tout m'étreint. Les mots manquent, ceux que j'ai lus dans les livres de la librairie sont impuissants à définir ce que j'ai vécu.

Dès que la tension retombe, je m'évade en pensée vers la tour Eiffel, les devantures des grands magasins, les lumières de la ville, les quais de la Seine, les ponts de Paris, sans soupçonner qu'un jour ils deviendront mon décor quotidien. Un parking pour maison, un pont pour toit, une cage d'escalier en guise de chambre, des voyous pour me border.

Pourtant, l'arrogance de ma jeunesse, sans doute, et mon instinct de survie donnent à ma nouvelle liberté un parfum d'aventure. Oui, tout va bien se passer, Paris est une capitale généreuse, romantique, elle attire les provinciaux, les riches et les pauvres. Elle accueille chaque année des millions de touristes enchantés, certains font des milliers de kilomètres pour se marier et poser devant ses monuments. Je vais forcément m'y faire une place au soleil...

Et puis l'énergie retombe. Je me sens tellement abîmée que je ne vois guère à quel emploi je pourrais prétendre pour vivre décemment. Je crains trop les hommes, je déteste leurs regards, je ne supporte pas leur proximité. Angoisse. En regardant défiler le paysage monotone par la vitre sale du train, la solitude me saisit à la gorge. J'ai la gueule de bois d'avoir déjà goûté au sperme, de l'avoir vomi, d'avoir bu ou ravalé trop de larmes. Mon droit à l'enfance a été bafoué, mon intégrité atomisée. À chacun de mes viols j'ai voulu mourir pour que la souffrance cesse, et j'ai prié tous les dieux pour que ces trous noirs qui m'aspiraient soient les derniers. Mon corps disparaissait sous les coups, les sexes – de mon frère, de tous ces jeunes mecs qui commençaient leur vie amoureuse en la sabordant. Mes pensées incontrôlables se dissociaient de mon corps. Mes pensées ? Un bien grand mot, plutôt le vide de mes pensées, un no man's land qui m'a « aidée » à me détacher de ce qui se passait dans ma chambre de petite fille. Comme si mon cerveau s'était bloqué, comme s'il lui était impossible de remettre la vie à l'endroit. Les viols de l'enfance sont meurtriers, ils engendrent des peurs protéiformes qui perdurent et surgissent sans crier gare.

Quel plaisir prenaient-ils donc à me disloquer, me frapper, me retourner ? Comment peut-on naître de la même mère, du même père et s'adonner à tant de violence ? Je ne comprends pas, je ne comprendrai jamais, malgré toutes les explications psychosociologiques que l'on me proposera au cours de mes multiples thérapies ou de mes lectures. J'apprendrai plus tard que, comme moi, le tiers des cent vingt mille jeunes filles de moins de dix-huit ans violées chaque année le sont avant leurs neuf ans, par une personne de leur entourage proche. Coupables de naître filles, coupables de devenir femmes. Les premiers liens distordus dans la sphère familiale empêchent d'autres liens de se nouer. Tout attachement devient source de danger et de trahison. Je traînerai longtemps ce handicap affectif, psychique et moral, n'osant plus accorder ma confiance à quiconque. Le risque d'aimer est terrible. Il paralyse et pollue l'esprit.

Aux hommes de chercher les raisons et les causes de leurs perversions, à leurs mères, leurs pères d'être vigilants, aux psys d'écouter les bourreaux, à la société de préserver ses enfants. À moi de vivre avec ma culpabilité. Ai-je fauté ? Pourquoi, comment ?

Quand tout a commencé, j'étais à peine plus grande qu'un bébé, j'avais « une petite fleur » à protéger au creux de mon corps, comme disait ma mère ; cette fleur s'est hypertrophiée, elle est devenue rouge sang, vert moisi.

J'avais encore un doudou, comme tous les petits, un tigre noir et marron, un survivant, comme moi. Il est sur mon lit aujourd'hui.

Le temps patine les objets, pas les âmes. Je savais tout juste lire et écrire. Je connaissais quelques contes pour enfants grâce à ma grande sœur, la cruauté des sorcières, la voracité des ogres, la tristesse des princesses alanguies, mais toutes ces histoires finissent bien. La mienne, avant même de commencer, a été piétinée par un ogre en vrai, lui-même protégé par une sorcière en vrai. Putain de vie ! La colère couve en moi, dès que je la sens monter j'attrape ma gorge, comme mon frère l'a fait tant de fois pour m'immobiliser.

Avec le recul, me vient une analyse alambiquée : mon frère ne supporte pas l'alcoolisme de ma mère, sa féminité dégradée, alors il se venge sur ses filles, ses propres sœurs, il les prend pour cibles de son aversion. Ce même frère agit impunément sous le regard fuyant de mon père ; la force de la loi n'existe pas à la maison, alors il s'engouffre dans la brèche, sans aucun contrôle de ses bas instincts. Cette interprétation vaut ce qu'elle vaut, peu importe, aujourd'hui encore elle me permet de rationaliser l'impensable. Comme une échappatoire, une manière de chasser le trop-plein d'émotions, de me calmer, de revenir au paysage derrière la fenêtre du train, de penser à mon proche avenir. À moins qu'il n'ait aucune excuse, qu'il soit vraiment un monstre ; après tout, il y a des bons et des méchants dans l'humanité.

On approche de Paris. Tiens, j'ai une idée, ce qu'il me faudrait, c'est un emploi de nounou, au cœur d'une famille aimante. Garder un enfant, m en occuper, découvrir des jeux avec lui, me mettre à l'abri et revenir au vert paradis de l'innocence dont on m'a interdit l'entrée. Oui, cela me conviendrait, juste pour souffler, dormir sans crainte, ne pas tendre l'oreille pour surveiller les pas dans l'escalier ou le moindre grincement de porte. Revenir au pouvoir des mots et de l'imaginaire, donner un peu d'amour à quelqu'un, en recevoir en retour, un impossible rêve mais encore un espoir.

Ma tante ne m'attend pas, je ne l'ai pas prévenue, j'espère qu'elle pourra m'accueillir quelques jours, quelques semaines. Comment lui expliquer ma fugue ? Que connaît-elle de ma vie ? Rien sans doute, puisque personne n'en parle. Impossible de lui avouer la vérité, de raconter le chaos familial. Je lui dirai que je dois trouver un job, reprendre des études et donc quitter la province. Plus tard, s'il le faut, mon père l'appellera pour me soutenir, lui proposer un peu d'argent. Le scénario est plausible, je lui confirmerai aussi ce qu'elle sait déjà, que l'atmosphère est irrespirable à la maison, ma mère alcoolique... La bonne excuse !

Arrivée à la gare du Nord, sous un ciel gris, je suis abordée par un homme d'une quarantaine d'années, bedonnant et souriant. Ai-je l'air si perdue ? Suis-je une proie facile ? « Non, rien de tout cela », me dit-il, il m'a vue hésiter, il regarde la feuille où j'ai griffonné un nom de rue, il veut juste m'aider à trouver mon chemin, m'indiquer le meilleur itinéraire. Qu'à cela ne tienne, il est prêt à me guider. Il peut même me loger gratuitement, dans un hôtel non loin de la gare, et m'offrir un sandwich ! Il prend ma valise, je le suis sans réfléchir. Direction son hôtel délabré, tout près de la gare. L'enseigne lumineuse, de guingois, est rouillée, l'escalier n'est ni éclairé ni engageant, c'est louche mais je le monte lentement, prenant peu à peu conscience que je risque de « payer » mon sandwich. Bof, au point où j'en suis... Prêter mon corps... De toute façon, il ne m'appartient plus, il n'est plus moi. Et puis j'ai peut-être l'esprit mal placé, ce monsieur a l'air bien aimable.

La chambre est exiguë, le lit recouvert d'une couverture boulochée couleur moutarde, couleur bâtarde. Les voilages épais sont gris, la vasque du lavabo est craquelée, sale de vieillesse. L'homme, pressé, haletant, déboutonne sa chemise, il essaie de m'embrasser sur la bouche, saisit ma main et la fait glisser dans son pantalon. Soudain il s'arrête, décontenancé par ma passivité. Il pensait pouvoir sortir le grand jeu, me séduire ou me forcer – oui, me forcer, c'est sûrement sa façon d'agir... Mais non, son trouble est tel qu'il se rhabille en hâte, s'allonge seul sur le lit et s'endort aussitôt. J'engloutis mon sandwich et je pars tranquillement, mais je suis furieuse contre moi-même, contre ma naïveté et cette inertie pathologique qui m'entraînent encore dans les mêmes sphères. Je me déteste, je ne suis bonne qu'à me faire agresser.

La nuit commence à tomber. Après-midi raté, perdu. Je marche lentement dans les rues de la ville pour me ressaisir. Je prends le métro pour essayer de me rapprocher de l'ouest, du quartier où habite ma tante. Dans la rame je ne lève pas les yeux, collée contre la porte, prête à m'enfuir si quelqu'un m'approche. Je suis paumée, j'ai peur, je commence à regretter d'être partie.

La Défense. Le gigantesque champ de béton, les tours lumineuses me fascinent, la perspective sur l'Arc de triomphe est magnifique. Mais il est près de minuit, je suis fatiguée, dégoûtée par ce premier faux pas à la gare du Nord. Mes rêves de Paris n'ont pas encore tenu leurs promesses. Demain, peut-être ? Un cafetier m'explique comment trouver l'immeuble de ma famille. Voilà, c'est là, entre deux immenses tours. Pour y accéder, il faut monter une rampe. Impossible de sonner chez eux à cette heure-là, je m'installe dans la cage d'escalier et je m'endors, déçue et surtout éreintée.

Huit heures du matin. L'accueil de ma tante est surprenant – carrément odieux. Un sourire éclair et la voilà qui vocifère, comme offensée par ma présence, sans me laisser la moindre chance de m'expliquer. Elle veut appeler mon père, me renvoyer à la maison, on ne débarque pas comme ça chez les gens… Mon cousin, ma cousine et mon oncle se précipitent au salon, alertés par les cris, ils m'embrassent vite fait mais personne n'a le temps de me poser de questions. L'école, le boulot, ils doivent se préparer… « Puisque tu es là, tu restes », assène ma tante, « on verra plus tard ».

Ils s'en vont, ils m'enferment. Leur initiative m'étonne, mais au moins il ne peut rien m'arriver, je me sens en sécurité dans cet appartement, petit mais confortable. Certes, je les ai cueillis au petit matin, ce n'est pas très diplomatique de ma part, mais une fois calmés, ils vont sûrement m'adopter et m'aider à entamer une nouvelle vie. J'y crois, et de toute façon, je ne peux pas repartir dans les griffes de mon frère.

À leur retour, en fin d'après-midi, je suis fébrile, ne sachant pas si ma tante a parlé à mon père. Ma cousine est rentrée de l'école, elle est bavarde, joyeuse. Elle me déride, elle m'attendrit, je l'aime déjà. Je n'ai pas l'habitude d'aimer, ce petit élan du cœur me plaît. Elle me montre fièrement ses jouets, ses poupées, elle me rappelle ma petite sœur, mais contrairement à nous, elle semble vivre sereinement dans sa famille. Oui, oui, c'est possible, la tendresse et l'insouciance existent. Mon cousin me dit, avec un sourire en coin, qu'il me trouve un peu bizarre, qu'il n'a jamais vu sa mère aussi en colère. Il me laisse perplexe. Qu'ai-je dit pour la contrarier ? Qu'ai-je fait de mal ? Mon oncle rentre du travail et propose de faire des crêpes. Il prend du plaisir à préparer la pâte puis à les faire sauter. Belle idée ! On se réunit autour de la poêle chaude qu'il manie avec dextérité. Tout cela sent bon les rires, le partage, l'amour et la fleur d'oranger. On se gave de ces bonnes choses. Je n'ai jamais connu cette image du bonheur, mes larmes coulent, je ne les retiens pas.

Une heure plus tard, le gentil tonton m'offre un café, les enfants sont envoyés dans leur chambre pour faire leurs devoirs. Son regard est bienveillant, il sait pourquoi je me suis sauvée de la maison, il sait que mon frère, « ce connard », me fait du mal, il s'en est vanté lui-même un jour. Ah, il sait ? Et lui non plus ne fait rien pour sauver ma peau ? Un moment de réconfort qui commence bien, mais je n'ai pas le temps de parler, ma tante déboule comme une tornade, elle gueule encore et encore. Elle m'accepte cette nuit, mais demain, je reprends le train pour Auneuil, mon père m'attend, il a promis que tout allait s'arranger. Elle hurle qu'il ne faut plus venir chez elle. Que ce qui se passe chez moi ne doit pas « dégouliner » chez elle… Comme si c'était une maladie contagieuse. Je comprends enfin que tous sont au courant de mon calvaire, et que décidément personne ne me tend la main. Mon oncle n'ose pas contredire sa femme qui n'ose pas contredire mon père qui n'ose pas perturber ma mère… Tous solidaires, tous complices. Le tonton a les yeux tristes, résignés et impuissants, les mêmes que mon père. Encore un qui se soumet, encore un qui refuse la réalité – ma réalité.

Elle me donne le billet de train – qu'elle a déjà acheté – et un peu d'argent. Comme ma mère, elle se réfugie dans sa chambre, prise par une migraine ou la prétextant. Le fait est qu'elle aussi m'abandonne. Mon oncle s'inquiète pour moi, pour sa femme. Histoire d'apaiser son petit monde, je lui promets de m'en aller. Je réunis quelques affaires dans un sac à dos prêté par mon cousin et leur laisse ma valise. Il m'offre le reste des crêpes, une bouteille d'eau et quelques caresses encourageantes dans les cheveux. Fin de la parenthèse chaleureuse.

Et maintenant, plantée là, sur le parvis de la Défense, que faire ? Conquérir Paris, oublier ma famille, en trouver une autre ? M'autoriser quelques rêves, moi, la jeune provinciale paumée ? Éviter les mauvaises rencontres, prédateurs comme mon frère ou impuissants comme cet homme à la gare du Nord qui ne pensent tous qu'à ça ? Me laisser happer par le hasard, croire en une vie meilleure ? Oui, je le veux. Mes pas énergiques me ramènent vers Paris, sous la pluie que je laisse me mouiller... J'aime bien cette idée de l'eau qui vient de nulle part.

La Défense, le pont de Neuilly, peu de monde dans les rues, je me sens de moins en moins rassurée, je préfère revenir sur mes pas. À la télévision, j'ai vu de nombreux reportages mettant en garde contre les dangers de la ville la nuit. Il faut que je trouve un refuge. Tiens, vers le centre commercial, dans les parkings, à l'abri du vent. Je n'ai pas peur, pas encore, des effluves agressifs d'urine ou d'essence, ou des ombres qui, comme moi, n'ont pas de maison, mais j'ai faim.

Les crêpes de mon oncle, si gentil et un peu déjanté, ont le goût de nos rires, des blagues des enfants ; en les mangeant ici, je pleure, je viens de réaliser que j'ai perdu une famille. Ma famille. À cette heure, mon père ne m'a pas trouvée dans le train. Comment réagit-il à ma fugue ? Furieux ? Inquiet ? Résigné ? J'essaierai de l'appeler plus tard. Mon absence lui ouvrira peut-être les yeux pour réagir, empêcher mon frère de récidiver et enfin protéger ma petite sœur ? Je l'espère... Rien n'est moins sûr.

Je suis épuisée. Autour de moi, ce béton que je trouvais beau en arrivant devient moche, gris, sale. Mes mains sont noires, je sais que Paris est polluée, mais à ce point... Je dois me laver. Surtout là où les assauts de mon frère ont laissé des entailles, des cicatrices, du pus. Personne ne le sait, mais ce besoin de me récurer fait partie de ma vie depuis longtemps, comme une plaie qui démange sans fin. Ces infections deviendront mes compagnes de voyage.

Je décide de monter dans le centre commercial, cet immense complexe qui ressemble à une ville, pour trouver de l'eau. Un gardien, un molosse, me demande ce que je fais là. Je réponds que je suis perdue, que je cherche des toilettes. Il m'ouvre la porte et m'indique le chemin, il ne me reverra plus. Entre deux boutiques de luxe, je choisis un coin pour m'allonger. Mon sac me sert d'oreiller, le seul confort qui me reste.

Ce sont les aboiements stridents d'un chien de la sécurité qui me réveillent. Je suis foutue, ils vont m'embarquer ou me virer... Les vigiles discutent entre eux puis se tournent vers moi.

– Qu'est-ce que tu fais là ? Tu n'es pas SDF, rentre chez toi.

Je ne réponds pas, je fais profil bas, je me lève et me dirige vers la sortie. SDF, je ne sais même pas ce que cela signifie. Le chien continue d'aboyer après d'autres corps dans le centre commercial. Apparemment, je n'étais pas la seule à avoir profité du lieu. Ce sont eux les SDF, pas moi.

J'ai faim, une odeur de café me titille. Avec l'argent de ma tante, je déguste un délicieux petit déjeuner – délicieux, c'est-à-dire un café-crème et deux tartines beurrées. N'ayant aucune idée de ce que je vais faire dans la journée, je prends des forces et traîne un peu dans la brasserie clinquante où je me suis attablée. Dans l'hypermarché du centre commercial, c'est la fête à la consommation. Dès l'ouverture, j'achète des produits de toilette, du savon et des kleenex. Pas de chichis, juste l'essentiel. J'ai sans cesse la sensation d'avoir les mains sales, j'ai besoin de les nettoyer régulièrement. Dans les toilettes du bistrot, je peux enfin me laver. Après cela, il ne me reste plus que l'un des billets volés à mon père, cinquante francs, une fortune à l'époque.

Je repars à l'aventure. Direction le centre de Paris. Je marche le long des stations de métro pour ne pas me perdre. Sortie du quartier de la Défense, remontée de l'avenue de la Grande-Armée, et devant moi, l'Arc de triomphe. Le monument m'attire comme un aimant, j'ai lu l'histoire de la tombe du Soldat inconnu dans un des livres de la librairie de mon père. Ce soldat incarne tous ceux qui sont tombés, morts, pendant la Première Guerre mondiale. La flamme de son tombeau, allumée pour la première fois par un ministre de la Guerre en 1923, est ravivée tous les jours par d'anciens combattants. Il ne doit plus en rester beaucoup aujourd'hui, mais ils restent solidaires, eux. Paris, ses quais splendides, je les sillonne de long en large, je regarde couler le fleuve, je m'imprègne de la douceur du courant et de la beauté de la ville avant de me fondre dans ses vieux murs gris, hostiles, regorgeant de mauvaises surprises.

Si on prend le temps de flâner avant de rentrer chez soi, la rue est un théâtre vivant, insolite. Les gens normaux, ceux qui ne font que traverser, aller d'un point à un autre, ne voient pas toujours les fous que nous rencontrons dehors. Dans les hôpitaux psychiatriques, ils sont anesthésiés, dans la rue, ils sont livrés à eux-mêmes, à leur démence ; ils défient la mort à tout instant, en proie à leurs dérapages. Je les côtoie tous les jours, ils sont ivres, laids, ils sentent mauvais – comme moi sans doute –, ils m'effraient. Il y a des gueules cassées, d'autres rougies par l'alcool, des visages balafrés, des regards perdus, tristes. Sont-ils fous parce que pauvres, ou pauvres et exclus parce que fous ? Moi, je sais pourquoi j'ai atterri dans la rue, la monstruosité ou la folie de mon frère m'ont amputée d'une part de moi-même. Mais les autres, quel drame les a jetés sur le trottoir ?

Il y a des fous sympas qui font des acrobaties sur le Pont-Neuf, des fous dangereux capables de nous agresser sans sommation, des étrangers qui errent, leur guitare désaccordée en bandoulière, et offrent de rares plages musicales pleines de fausses notes. En revanche, je n'ai jamais rencontré les « clochards célestes » de Jack Kerouac, ni ceux de Rimbaud, tout en guenilles et poésie. Ce que je découvrirai, c'est que cette même rue, quand on y vit, devient le lieu d'ombres inquiétantes, qu'on y décèle des trous, des coins, des recoins, des coupe-gorge, emplis de traquenards et de pièges insoupçonnés.

Une nuit, je me fais agresser par une folle en liberté, je me bats avec elle pour qu'elle me laisse tout simplement tranquille sur ma bouche de métro ; je me retrouve le lendemain au commissariat de police. Ne voulant pas avouer mon errance, je donne le numéro de téléphone de ma tante, qui vient me récupérer.

– C'est ma nièce, monsieur, mais je la connais à peine, s'empresse-t-elle de préciser devant la police.

Je lui exprime timidement ma gratitude ; dans un élan de bonté, elle accepte de m'accueillir « une dernière fois » en échange de la garde de ma petite cousine. Elle est si mignonne, cette petite, que plus tard, je l'attendrai quelquefois à la sortie de l'école. Dès qu'elle m'aperçoit, elle court m'embrasser, me prend la main et nous faisons un bout de chemin ensemble. Mais la directrice de l'école finira par m'interdire de revenir, à cause de mon allure, de mon treillis, de mes cheveux mal coiffés et de mon odeur. Quant à mon cousin, il hésite entre les rires et les larmes ; il vole pour moi un peu d'argent à sa mère, mais je le lui rends, je n'en veux pas. Ma tante ne supporte pas vraiment de me voir là, mais elle m'offre une dernière chance grâce à son travail à Pôle Emploi : suivre une formation de secrétaire qui me permettra de subsister en faisant de l'intérim.

L'ennui, c'est qu'elle a toujours autant de mal à assumer mon histoire familiale. Je comprends enfin qu'elle se superpose à la sienne, car son couple bat de l'aile. Elle m'avoue qu'ils sont au bord du divorce et que je suis un témoin gênant.

Elle me propose de rencontrer un « psychiatre-chaman ». Jamais entendu parler de cette profession, mais je la suis. Un homme bizarre, vieux, barbu, abondamment parfumé à l'encens est assis sur un tapis rouge et bleu, les bras croisés, le sourire retenu. Il me demande mon prénom, mon âge, il m'observe, embrasse les mains de ma tante, me propose d'une voix atone de me mettre pieds nus et de marcher autour de lui, en lui « offrant » mes pensées négatives... Quel programme ! Le rituel dure à peine une heure ; il se courbe avec un grand sourire et nous fait signe de partir. Ma tante lui chuchote quelques mots à l'oreille. Je suis certaine de repartir avec toutes mes pensées, les mêmes qu'en arrivant. En quittant l'immeuble, je demande s'il a un vrai diplôme de psychologue ou de médecin psychiatre. Elle n'en sait rien mais ne jure que par lui, il l'aide à tenir le coup, il l'apaise. Très bien... Quant à moi, je l'agace vraiment. Elle m'enjoint de partir de chez elle. Je m'exécute dès le lendemain, gorge nouée, mais pas mécontente d'échapper à ce que je connais depuis toujours, une tension permanente, des cris et des portes qui claquent.

En ultime recours, elle me propose un logement chez une vieille dame du quartier, au milieu de ses chats et de sa folie. Une Tatie Danielle, acariâtre, impatiente, aussi sale que méchante. Elle veut être ma « nouvelle maman », mais au vu de la mienne, je n'ai aucune envie d'en récupérer une autre – en pire... Je lui fais ses courses, son ménage, je dors dans une petite chambre, sans cesse fouillée, voire dévalisée. Au bout de quelques jours, je n'en peux plus de la voir compter au centime près la monnaie de ses courses, hurler après ses animaux ou pester contre le monde entier. Elle m'interdit de rester plus d'un quart d'heure dans la salle de bains, exige que je lui prépare tous ses repas et que je la fasse manger à la petite cuillère, et boit de la piquette du matin au soir. Elle est odieuse. Je parviens à m'échapper quelques heures en gardant les deux petits garçons d'une voisine adorable et bienveillante, qui me laisse regarder la télévision et rire avec ses enfants. Mais le taudis de la Tatie Danielle, l'odeur pestilentielle qui y règne me poussent dehors. Je ne veux plus être à la merci de l'hostilité de quiconque, j'ai eu ma dose, et la vie dans la rue me semble plus simple à gérer. L'aventure peut encore me réserver quelques bonnes surprises. Enfin, c'est que je crois ; ma naïveté n'a aucune limite...

Retour à la case départ.

Les rues grouillantes, les trottoirs encombrés, le dédale du métro, les petits boulots vite abandonnés qui me forcent à affronter le regard des autres et leurs questions muettes, les galères... Tout s'enchaîne, tout me donne le tournis, je suis trop démunie pour ce voyage au bout de la ville. Trop démunie et déjà trop déstabilisée. Je crois au moment d'après, à l'heure qui suit, à la prochaine rencontre, tant le présent est agressif et mon jeune passé envahissant. Je me demande même si je n'ai pas déjà perdu la tête, si ce n'est pas une simple fuite en avant – la peur aux trousses...

Comme il est loin mon village aux rues pavillonnaires. En quelques mois, je suis passée du silence douloureux au vacarme épuisant. D'un semblant de vie à pas de vie du tout.

Vivre, c'est se lever le matin, prendre un thé, un café ou un bol de lait, goûter à la douceur d'un miel ou d'une confiture, humer la bonne odeur qui se répand après la douche de chacun, découvrir la couleur du ciel, espérer une belle journée et de beaux lendemains. Partir au boulot le cœur léger. Ou s'étirer, rêvasser, ne rien faire, ne rien prévoir, se laisser porter par les événements ou l'oisiveté.

Dans la rue, on s'étire pour détendre les muscles ou atténuer les courbatures, on se méfie du tas de vêtements allongé plus loin. Une femme, un homme, un corps informe ? On est déjà aux aguets quand les autres ouvrent les yeux, il n'y a ni bonne odeur, ni douce saveur, aucun rêve, aucun lendemain. Il n'y a qu'aujourd'hui.

J'ai coupé les liens avec ma famille, à Paris et en province. Honte à moi, honte pour eux. Au petit matin, j'ai toujours peur d'être tentée d'y retourner, de revivre l'enfer, mais la trouille et le secret plaisir de les inquiéter l'emportent – si toutefois ils se sont rendu compte de mon absence. Mon père me manque, tant pis pour lui, il n'avait qu'à dire un mot, faire un geste, un seul, pour me sauver. Ses timides consolations n'ont pas écarté le danger, mais au moins il était là, témoin mutique de ma souffrance. Désormais, mon sort m'appartient, le poids de la liberté est parfois écrasant.

Comment vais-je apprendre à vivre dans la rue ? J'y suis et je n'en reviens toujours pas… J'ai beau me dire que demain je serai en train de travailler au chaud, mais non. Le pire est que je ne connais rien de la survie. D'accord, j'ai été scoute, même cheftaine des jeannettes quand mes parents voulaient se débarrasser de moi les week-ends. J'ai appris à faire du feu, à construire des cabanes, à utiliser une boussole, mais c'était en forêt… Je doute que tout cela me soit utile, là, maintenant, sur le bitume. Tout me fait peur et en même temps, rien ne me fait peur. Chaque jour, j'ai l'impression de vivre le dernier de ma vie. J'ai l'intuition que je dois me protéger, mais de qui, de quoi ?

Je m'habitue mal à mes ongles noirs. Au début je les récurais, et puis la saleté s'est incrustée en moi, dans mon corps et dans mon esprit. Je réfléchis de plus en plus lentement, comme si les écrous étaient rouillés et les neurones noués. Je regarde les gens marcher, je les suis parfois, cela m'amuse de les voir paniquer. Bien sûr, je ne leur ferai rien, mais je m'invente des vies. Je m'imagine partout ailleurs que sur ces trottoirs qui me collent aux chaussures. Évidemment, je sais que mon corps a besoin de dormir, mais cela m'effraie de fermer les yeux, de me laisser aller, de devenir une proie potentielle. Les terreurs nocturnes, les cauchemars m'envahissent. Personne ne tient à moi. Et moi, je ne tiens plus à personne. Débrouille-toi ma fille, à toi de jouer et de vaincre tes peurs, tout le monde s'en fout. Ma personnalité, ma foi en moi s'effritent de jour en jour. Fini les émotions ou les sentiments, fini les envies ou les projets. Manger. Boire. Dormir. Tenir debout. Prouver à ce monde qui m'ignore que je suis encore un être humain, que mon frère ne m'a pas tuée.

Est-ce la vie que j'avais rêvée quand j'avais une dizaine d'années, quand j'imaginais fuir mon enfer sur un cheval blanc ? Non. J'ai envie de crier, mais je ne peux pas. Je suis dans la rue.

En quelques semaines, je comprends que dans la rue on mendie, on s'engueule, on est en permanence sur le qui-vive, on se calme et on s'ennuie. Tout est bruit, le brouhaha est permanent, le danger aussi. L'intimité ? Une notion abolie par l'abandon de soi. Impossible de baisser la garde, de lire, dessiner, plaisanter sans méfiance. Impossible de se pencher sur son corps, de le scruter comme on le fait au repos chez soi, ou de le parcourir centimètre par centimètre, alanguie sur une plage ou dans sa baignoire. Il faut le cacher, l'escamoter, l'oublier. On fait partie d'une horde d'invisibles tombés de leur propre histoire, de leur passé, de leur futur. Les jours se suivent et se ressemblent, on devine les dimanches aux cloches des églises qui retentissent, à l'absence de foules pressées, aux enfants qui vont chercher le pain au coin de la rue.

Les petits bobos quotidiens deviennent des douleurs chroniques, amplifiées par la soif et la faim. L'errance ébranle mon métabolisme, mon cerveau, mon discernement. Il m'arrive d'avoir la tête vide, de ne plus pouvoir penser. Aucun mot, aucune image ne s'imprime.

Je ne sais plus vers qui me tourner pour obtenir une aide quelconque, je n'ai que mon sac à dos et mes rêves stupides de provinciale, fracassés dans la plus belle ville du monde. Étrange paradoxe, je suis dehors, personne ne me voit mais tout le monde me regarde. La femme, censée être le pivot et le ciment de la famille, la matrice de la société, est déchue, réduite à une masse sans sexe ni genre, sans toit ni loi. J'ai failli être une fillette, puis une adolescente, j'ai failli être une femme... Je n'ai été aucune de celles-là.

Je passe d'un foyer d'hébergement à l'autre, sans créer de liens. Cela m'est impossible après les heures vécues dans le premier centre. J'ai pu y entrer au bout de quelques heures d'appel aux numéros d'urgence pour SDF. Certes, je n'ai pas de téléphone, le portable est rare à cette époque-là. Je n'ai pas non plus de cartes pour les cabines téléphoniques, je demande aux gens qui en utilisent s'il leur reste des unités. J'obtiens enfin une place, pas loin de la station de métro Gare de Lyon. Une adresse qui promet une douche et un lit, je suis si sale et si loin de l'image que j'aimerais donner de moi que j'y vais. On m'offre un rêve.

À l'entrée, une queue de SDF et un homme bedonnant avec une liste à la main. Il égrène des noms, j'ai oublié celui que j'ai inventé – comme tout le monde le fait – pour le donner au central, ma mémoire me fait défaut. Soudain, je l'entends. Je me précipite vers l'homme à la liste. Il sourit et me tend une serviette et un drap en m'indiquant les dortoirs pour femmes. Les murs ont dû être blancs – dans une autre vie – comme dans les hôpitaux, mais ils sont lacérés, la peinture s'écaille. Des traces de coups sur les portes me font peur. La femme qui nous accueille est froide, sans doute blasée, elle doit en voir de toutes les couleurs. Elle me montre une douche, avec un sourire.

– Mets tes vêtements dehors, sinon tu devras te coucher à poil.

J'ai compris son ironie en entrant dans la douche : un trou béant, un filet d'eau, une saleté atroce, une odeur qui pique les yeux, un nid de microbes assuré, j'hésite. Mes microbes à moi, je les connais, mais là, je vais attraper le pire, c'est sûr. Alors je recule, je ne me laverai pas. La dame rit, elle croit que je suis pudique, non, je suis juste prudente. Je décide de rester dans ma crasse...

Je pars alors vers le dortoir, une succession de lits militaires, un sommier de toile et un matelas frisant l'indécence tant il est peu épais. Si fin que j'ai peur de le traverser, mon corps en surpoids ne tiendra pas. Aucune intimité, pas un coin pour poser mon petit sac à dos, pas de paravent derrière lequel se changer. À côté de moi, une jeune fille me regarde et me demande si j'ai de la drogue. Non, je ne touche à rien, ni drogue ni alcool, de quoi garder l'esprit en alerte. Elle se renfrogne, elle doit avoir seize ans et elle n'a déjà plus de dents. Je ne pose pas de questions. Je sais que je ne pourrai pas dormir. Quand je ferme les yeux, le noir m'envahit et je pleure. J'entends des femmes sangloter, hurler même, cela me terrifie, elles me paraissent vieilles, je me demande si à leur âge je serai encore dans la rue... Mourir dehors est un projet dont je me passerais.

Dans la nuit je sens une agitation, des hommes se glissent doucement dans le dortoir – des employés du foyer, le monsieur de l'accueil est là aussi. Doucement, ils vont toucher les femmes endormies et les retournent pour les pénétrer. Certaines crient, d'autres ne réagissent même pas. C'est épouvantable. L'un d'eux s'approche de moi, mais froidement et d'une voix ferme, je lui dis de dégager. Il s'attaque à la jeune fille à côté de moi. J'interviens, il recule, la petite n'a même pas réagi. Les autres SDF m'avaient parlé des foyers et de leurs « secrets ». Là, j'ai la preuve qu'il vaut mieux vivre seule sous un pont qu'en collectivité.

Ceux qui n'ont pas vécu cette vie se diront sans doute : encore, est-ce possible ? Oui, c'est possible. La vérité, c'est qu'une personne exposée comme je l'étais est vulnérable ; quand on vit dans la rue, on l'est en permanence. Il y a toujours des êtres humains prêts à profiter de la faiblesse de leurs semblables. C'est moche, mais vrai. Une horreur « banale », habituelle, dont d'autres femmes pourraient témoigner.

Rideau sur cet affreux souvenir.

Heureusement, je me retrouve une semaine plus tard dans une institution religieuse qui accueille des filles plus ou moins égarées mais « de bonne famille », placées là pour une hypothétique rédemption ou pour les préserver du pire. C'est mon père, avec qui je reste en contact occasionnellement par téléphone, qui m'a donné cette adresse. On la lui a indiquée à la paroisse du village. Il préfère me savoir là plutôt que dans la rue. Ce centre m'a acceptée parce que mon père est libraire. Sa notabilité est un passe-droit. On ignore mes problèmes, mon passé. La mission des religieuses est de tenter de me sauver en m'apportant leur aide et en me confiant l'évangélisation des adolescentes du patronage.

Comme moi, les autres pensionnaires dorment beaucoup, mangent pour se requinquer, sourient de temps à autre pour donner le change. Chacune se demande ce que l'autre a pu subir, aucune n'ose poser la moindre question.

C'est dans cette petite maison, nichée dans une impasse du XVe arrondissement, que je rencontre sœur Marie-Jacques. Malgré des sursauts d'effroi, elle écoute mon histoire, et parce que l'on doit « s'aimer les uns les autres » selon l'Évangile de Jean, elle essaie de me rapprocher de ma famille. Échec et mat. Là-bas, à Auneuil, ils ne veulent même pas savoir où j'en suis, rassérénés qu'ils sont par ce placement « privilégié ».

Peu importe que la religion ne me réconcilie pas avec mon passé, elle m'offre le silence salutaire des murs du couvent. Enfin un peu de sécurité, pas d'homme à l'horizon, pas d'agression en vue, bien que mes nuits continuent d'être trouées par les cauchemars. Une douce retraite qui me permet de me sentir propre. Et utile. En effet, sœur Marie-Jacques me propose d'accompagner des enfants du patronage dans un monastère du centre de la France.

– Pas de questions, pas de prières obligatoires, promet-elle.

En revanche, trois repas par jour, une douche quotidienne et des balades en forêt. Des vacances, quoi ! Dans le minibus, je ris d'entendre les gamines chanter à tue-tête du Moustaki ou du Renaud. Je découvre aussi Gianadda, un chanteur religieux dont la douceur de la voix et des textes me berce. Le monastère est entouré de jardins à l'anglaise sentant le chèvrefeuille. Les sœurs ont une roseraie et fabriquent des parfums. J'apprends à manier le sécateur et à manger en silence. Dans ce lieu, j'ai pris des forces et trouvé de nouveaux repères, dans le respect de chacun, religieux ou pas. Et surtout, j'ai créé des liens durables avec certaines filles du patronage que je revois aujourd'hui avec leurs enfants.

Mais la trêve est de courte durée. Les religieuses ne peuvent pas me garder longtemps, c'est la règle, beaucoup de jeunes filles attendent leur tour. Cette maison est une halte, un foyer-refuge, pas un centre de réinsertion. Je dois chercher du travail, me débrouiller seule. La charité, même bienvenue, est un acte ponctuel.

Retour au centre commercial de la Défense, le seul endroit qui m'est familier. Je dors sur le parvis, au pied des tours, dans un recoin ou sur un banc, dans un hall d'immeuble ou une cage d'escalier. Je vole de la nourriture au supermarché, je n'ai jamais fait ça, j'en tremble, je n'ai plus le choix. Jusque-là je me suis débrouillée avec le peu d'argent qui me restait ou les petits billets que mon père me faisait parvenir via sœur Marie-Jacques. Je me suis nourrie en fouillant les poubelles des restaurants, en me bagarrant pour ramasser des grappes de raisin ou des tomates pourries sur les marchés.

Mais là, je n'ai plus rien. Dans le magasin, j'apprécie l'une des vendeuses du rayon des fruits et légumes et la boulangère. Bien qu'elles n'aient pas le droit d'être généreuses, elles m'offrent parfois, en douce, une pomme ou un croissant. Elles me parlent, m'obligent à sourire. J'ai besoin de leur regard.

La déambulation quotidienne commence. Je marche beaucoup pour ne pas me faire agresser, croupir sur un trottoir ou devenir une bête. Je m'arrête devant les vitrines de revendeurs de téléviseurs, bien rares aujourd'hui, et je regarde les images. En l'absence de son, j'apprends à lire sur les lèvres. Une aptitude qui m'est fort utile aujourd'hui encore, lorsque je me concentre sur des conversations que je n'entends pas du tout. Regarder les autres parler, c'est être au plus près d'eux pour mieux les observer, c'est capter des échanges, parfois amoureux, parfois houleux, des mots méchants ou tendres qui me font vivre par procuration. En lisant sur les lèvres de mes ennemis, j'ai aussi mis en place une véritable stratégie de guerrière, j'ai pu prévenir certaines attaques, j'ai réussi à déjouer des plans, à éviter des pièges. Un avantage qui m'amuse encore et que j'enseigne à mes enfants.

Pour trouver un porche où dormir, je mémorise le code que les gens tapent pour entrer dans leurs beaux immeubles, puis je le refais discrètement, tard le soir. Je m'assoupis sur les paliers. Évidemment, les habitants me regardent de travers, n'osent pas me parler, sauf cette jeune femme pressée, en robe d'avocat, qui me dépose un matin du café chaud et du pain. Ni question ni mine apitoyée, juste ce geste qui ne se refuse pas, qui ne se discute pas.

Mes vêtements sont de plus en plus sales, mes mains, mes ongles disparaissent sous la crasse, je maigris à vue d'œil et ressens quelques vertiges. Une nuit plutôt fraîche, je suis dépouillée de mon sac à dos par une femme, non, pas vraiment une femme, une ombre encore plus sale, plus hagarde que moi.

Je n'ai plus rien, je ne suis plus rien, je n'existe plus. Mon corps brûle de l'intérieur à cause des infections, du manque d'hygiène. Mes pieds noircissent, mes dents s'abîment, j'ai honte de ma bouche, je ne souris plus, je suis déshydratée, je ne me reconnais plus. Un psychiatre me dira plus tard que ce qui le frappe le plus chez les « sans-abri », c'est à quel point le corps est atteint, les rides trop marquées, les cernes trop creusés, les yeux rougis par la fatigue et la pollution. Pas besoin d'un psy pour constater ces dégâts, un miroir suffit. Je me mélange aux murs les plus vieux, les plus lépreux. Mon esprit commence à divaguer, la faim, la soif, le froid, le chaud, la peur, la carence de tendresse, l'insécurité, les regrets, l'absence de ma famille.

Je ne veux pas être « SDF », j'espère encore redevenir normale. Je refuse cet acronyme, ce raccourci sémantique qui fait des gens de la rue une catégorie de la population à part alors qu'ils viennent du même monde. Certains ont eu une famille heureuse, beaucoup d'argent, une belle maison, d'autres ont basculé parce qu'un divorce, un chômage, un deuil trop lourd à assumer ou une enfance pourrie enkystée dans leur esprit et jamais partagée. J'ai aussi rencontré de jeunes hommes virés de leur milieu parce que homosexuels, des femmes battues qui ont fui les coups, les viols conjugaux, l'inceste. D'autres, répudiées par leur père ou leur mari parce que désireuses de s'émanciper. J'ai connu des étrangers qui ont fui des conflits ou des exodes, espérant trouver l'eldorado en France. Les gens de la rue sont littéralement hors normes, hors champ du fait de leur vécu, effondrés intérieurement. Ils sont le revers de la médaille, le côté sombre de la société. Leur seule existence désavoue l'ordre établi, bouscule les institutions, enfreint les codes moraux.

J'en suis une preuve vivante, j'ai une histoire derrière moi, je n'ai pas eu le loisir de flâner dans mon enfance, ni le plaisir d'être une ado adhérant aux codes imposés par ses congénères. Mais où sont donc les bandes de potes dont on s'entoure à quinze, seize ou dix-sept ans, les carcans que l'on s'impose pour leur ressembler et se fondre dans la masse ? Je n'ai rien connu de cela, à part la bande de voyous de mon frère et les crétins de mon collège. J'ai sauté dans la marginalité pour sauver ma peau, je me suis isolée sans préméditation, et me voilà perdue dans l'anonymat de la foule.

Qu'est-ce qui est pire ? L'inceste cautionné par la brutalité du silence familial ? Ou l'errance, parmi les ombres de la rue, l'insondable tristesse d'être oubliée de tous ? Mon frère a fait de moi l'une de ces silhouettes fantomatiques de la rue – l'errance n'est qu'une fuite. Je n'ai pas pris la route comme on le faisait, dans les années 1960 ou 1970, pour se griser du vent de la liberté ou en quête d'utopies. Je suis partie poussée par la peur et le dégoût, blessée dans mon corps et dans ma tête, en espérant me réparer ailleurs.

« Chacun s'accroche comme il peut à sa mauvaise étoile », écrit Cioran.

Rien à ajouter, la question est existentielle, ma mauvaise étoile m'a été imposée. Mon frère a empêché la femme d'éclore, il a atrophié mon esprit, ma vision du monde. Un voile dans ma tête rend la réalité opaque. Une petite fille en morceaux ne peut plus s'inscrire dans la normalité. Les traumatismes de l'enfance en génèrent d'autres, et à force d'en subir, on s'exclut soi-même du reste du monde. Je ne suis qu'une enveloppe, même pas corporelle, un ersatz de femme.

Dans la journée, assise en tailleur sur un trottoir, je regarde le ciel, les timides apparitions d'un soleil plutôt froid, les marronniers, leurs feuilles frémissantes, les balcons fleuris de géraniums rouges, fuchsia ou violets, les petites bêtes qui peuplent les interstices des pavés. Si je m'installe plus confortablement sur un banc pour reposer mon dos et mes jambes, j'observe sa couleur écaillée ou patinée, la rouille du fer forgé. Je concentre mon attention sur des détails pour ne pas perdre pied, tel un marin qui fixe un point sur l'horizon pour combattre le mal de mer. Ou cet autre qui, lors du sauvetage d'un homme à la mer, ne doit jamais le perdre de vue, le suit dans ses moindres mouvements, silhouette agitée par la houle. Parfois, je pose mon regard sur une fenêtre en imaginant la chaleur de l'appartement qui est derrière, en y projetant des scènes familiales, des enfants dans les bras de leurs parents ou en train de jouer tous ensemble.

Je pense à mes copines là-bas, à ma rue des Vignes, à mon cerisier. J'aimerais le peindre, je ne savais pas que j'allais le quitter. J'ai si peu de bons souvenirs que je m'accroche à nos rires et nos chuchotements au creux de l'arbre, aux bonbons qu'elles rapportaient de chez elles et qu'on avalait en trois minutes. Et mon bon gros chien contre lequel je me lovais, comme avec une peluche.

Dans la rue, les hommes apprécient la présence d'un chien, costaud de préférence. L'animal les protège de certains agresseurs, il leur tient lieu de compagnon d'infortune. Les femmes se débrouillent comme elles peuvent ou s'arrangent pour rester auprès de ceux qui en possèdent, se croyant à l'abri...

Je revois la couverture à carreaux dont me recouvrait le voisin, à Auneuil, pour me réchauffer, le bol de thé chaud qu'il posait entre mes mains. Des gestes totalement incongrus dans ma propre famille. Son sourire était bienveillant et son regard apitoyé. Je repousse d'autres images trop douloureuses. Bizarre, elles se raréfient et s'enfouissent dans ma mémoire.

J'observe les passants, je reconstruis leurs vies à ma guise. Ce type qui presse le pas pour rentrer chez lui ou aller voir un match de foot avec un copain, cette femme trentenaire, si belle, qui avance, légère et souriante, peut-être vers un rendez-vous galant. Ces vieillards encombrés par les ans, ils marchent comme sur des œufs de peur de glisser et de se laisser mourir. Ou encore ce bellâtre au regard lubrique, tellement sûr de lui, qui ressemble à mon frère et qui pourrait bien rejoindre sa victime. Cette jeune fille aux yeux cernés, lèvres serrées, elle rend visite à sa mère alcoolique, se demandant dans quel état elle va la trouver. Je rafistole mon monde comme je peux, en noir et blanc, mêlant mes rêves et mes cauchemars dans un imaginaire rétréci, maigrichon, obstrué par le gris de l'asphalte. J'oublie que je suis prostrée, que le dossier du banc s'enfonce dans mon dos, que mes jambes ne me portent plus et qu'il faut bouger pour trouver de quoi manger et un coin pour dormir.

La réalité est tellement crue, insoutenable. Dans la rue, je vois des gens drôlement attifés. Ainsi cette femme que je croise souvent dans le XVe arrondissement, mais que chacun d'entre nous a pu remarquer ailleurs. Et si ce n'est pas la même, c'est sa semblable… Elle est ronde comme un culbuto prêt à tomber, sans âge, mais non dépourvue d'une coquetterie hors de propos. Ses cheveux blancs, blonds, sales, sont tenus par plusieurs pinces et un bandeau crasseux. Des chaussures trouées, des mitaines en dentelles, un col en laine bouclée enroulé comme un boa de fête autour de son cou. Elle est engoncée dans trois ou quatre couches de vêtements, encombrée de mille sacs en plastique pleins à craquer. Ces baluchons l'entourent telle une barrière de sécurité, elle garde les yeux baissés ou fermés, docile, bien calée contre son mur. Je n'ai jamais osé lui parler, je pourrais m'y hasarder puisque nous vivons non loin l'une de l'autre, mais je la sens barricadée dans ses pensées, ses malheurs ou sa folie. Respect madame, avec sa bouille de gamine, on a juste envie de la laisser tranquille.

Et puis il y a l'autre, une femme burlesque qui officie à l'orée du bois de Boulogne. Elle dort, recrute et baise dans sa camionnette depuis des années. Elle marque son territoire en l'entourant de plots en plastique. Blonde, elle aussi, une cinquantaine abîmée par les hommes et par la vie. Elle a trouvé une parade, elle les fait payer, elle sourit et n'en finit pas d'arranger son corps et sa maison sur roues. Des hula hoop sur le toit, des parapluies à rayures sur le capot, des rubans bariolés autour des rétroviseurs, des tenues rose flashy en dentelles, des jupes amples de toutes les couleurs, des couettes pour tenir ses cheveux et des baskets pailletées aux pieds. Quand la porte de la camionnette est ouverte, on aperçoit les fausses fourrures et les grigris accrochés au plafond. Elle a forcément le sens de l'humour, elle a pris la vie par le bout de l'extravagance et fait la nique à la société. Je ne sais pas qui elle est, je doute qu'elle soit heureuse, j'espère au moins qu'en jouant le clown, elle gagne son pain quotidien et fait résilience.

Moi aussi, je suis avide d'amour ou d'amitié, alors je force le destin d'une quadragénaire élégante dont le visage lisse est parsemé de taches de rousseur, comme le mien. Si ma vie avait été normale, j'aurais pu, ou aimé, lui ressembler. Avec son joli regard bleu, elle semble avenante. Elle passe devant moi, tous les jours à la même heure, j'en conclus que je suis sur le trajet de son travail. Je décide de la suivre discrètement. J'ai une folle envie de la connaître, je la veux pour amie. Elle pénètre dans son immeuble et moi, je m'installe sur les trois marches de l'entrée. C'est ma nouvelle maison, de là je peux l'aborder, la regarder à loisir, j'oublie le sale état de mon sourire, ma crasse et mon odeur. Elle finit par m'approcher et me demande pourquoi je reste là, depuis un mois, à la dévorer des yeux.

– Je ne sais pas. Je voudrais juste être votre amie.

Elle rit et ajoute aussitôt que je dois partir. L'humiliation, la déception et le chagrin me font lever. Je fais désormais la manche sur le trottoir d'en face, elle me voit mais ne me sourit plus. Je la déteste, je voulais être son amie. Putain, dès que je suis prête à aimer, on me remet la tête sous l'eau, on me gifle à coups de vexations.

Plus d'amis, plus de famille. Je suis condamnée à survivre. La jeune ado qui comptait se reconstruire en ville est devenue inabordable, une sans domicile ni pensée fixes ; larmoyante, honteuse, ou suicidaire quand je longe les rambardes d'un pont ou qu'une voiture s'approche. Mais non, même le courage d'en finir m'a quittée. La déchéance est une maladie galopante. La dépression m'envahit. La folie me guette, on me prend parfois pour une schizophrène parce que j'ai l'air égaré, parce que j'insulte et que je mords dès qu'on essaie de me toucher. Je parle seule, je gémis de temps en temps, je deviens animale. Dans la rue, toute notion d'humanité fond jour après jour. Ce comportement, en plus de mon aspect physique repoussant, a sûrement rebuté quelques prédateurs. Ils ont eu peur de moi, c'est du moins ce que je crois.

Les heures souterraines passées dans le métro me réchauffent jusqu'à ce que je me fasse virer à la fermeture des stations, vidées de la déferlante quotidienne. Sur le quai d'une rame, je rencontre Nadia, cheveux gras, sourire entartré, on se parle, on se raconte nos galères, celles du jour d'avant ou du jour d'après, pas notre histoire, pas la mienne d'avant Paris. En fait, on ne parle de rien, seuls les moyens de survie comptent. On échange des trucs, des astuces, des adresses. Elle connaît un squat dans le XIIIe arrondissement, elle me conseille d'y passer quelques jours. Je la suis.

Le squat est tagué, bondé, rempli d'ados, d'adultes paumés, drogués. Des couvertures en lambeaux et des vieux matelas souillés sont alignés par terre. Ça pue l'humidité, l'urine, l'herbe, la bouffe avariée. On me propose des joints, du crack, de l'héroïne ; on veut me faire boire, je refuse, on se fiche de moi. Je ne cède pas à ces subterfuges qui visent à tromper la réalité. L'alcool, je l'utilise de temps en temps pour m'en badigeonner et calmer les picotements ou les brûlures de mes blessures, au risque de puer le whisky ou la vodka. Mais en boire ? Non merci, trop peur d'entamer ma vigilance ou d'être encore plus dépressive. L'alcoolisme de ma mère m'aura au moins immunisée contre cela. Trop facile de cacher ses souffrances derrière ce symptôme. Pourquoi ma mère a-t-elle sombré ? De qui, de quoi avait-elle peur ? Elle n'en parlera jamais et je dois accepter son mal pour tenter de lui pardonner.

Pour manger, Nadia me montre comment faire la manche ou voler, avec une étonnante habileté, les pourboires que les gens déposent aux terrasses des cafés. Je me sens comme une bulle qui rebondit partout sans crever, laissant échapper des mots, des larmes ; personne ne sait comment s'y prendre avec moi, je ne fais confiance à personne. Je retourne souvent au squat où l'atmosphère empire de jour en jour. Je ne laisse pas traîner mes affaires. Heureusement, je n'ai qu'un sac à dos récupéré dans un squat, mon seul bien, mon sac de vie. Attention, aveu : oui, j'ai « emprunté » ce sac à dos à Kamel, mort d'avoir trop bu sur son pré carré de béton. Dans la rue on ne se préoccupe pas de savoir pourquoi l'autre est mort, mais on se précipite sur ses affaires et ce sac m'a plu pour ses multiples poches. J'y ai même trouvé de quoi manger un plat chaud dans un snack. Merci, pauvre Kamel.

SDF, je le suis devenue. Malgré mes résistances. Je n'ai plus aucune ressource pour me défendre contre ce statut. Je ne crois plus en moi, je ressemble désormais à tous ces clodos errant d'une rue à l'autre. À la gare du Nord par exemple, où, là aussi, la violence me rattrape. On m'agresse, on me dépouille, je me sauve ailleurs, sur d'autres trottoirs. J'ai coulé sans m'en rendre compte, parce que l'abolition de toute notion de temps a laissé l'espace m'envahir. SDF. Trois lettres redoutables qui me classifient et me jettent, sans possibilité de repêchage, dans une vie marginale. Trois lettres qui me condamnent à accepter sans vergogne mes cheveux pleins de poux et mes ongles pourris. Un passeport pour l'enfer.

En fin de soirée, l'aide sociale veille, une maraude[1] arrive près de Notre-Dame, les bénévoles de la Croix-Rouge, habillés en gris et rouge, distribuent de la soupe chaude et du pain. Je m'approche d'eux sans un mot. Ils me tendent un bol fumant, bêtement je me dis que cela peut tuer les microbes qui ont emménagé au fond de ma gorge. Je leur montre les infections, les escarres sur mes jambes, les griffures sur mon dos, alors ils me soulagent, pour quelques heures, avec une crème apaisante et désinfectante. J'en profite pour leur demander une brosse à dents ou un essuie-main ; en retour, l'un d'entre eux me propose des préservatifs. Comme si j'en étais encore à la gaudriole ! Il est hors de question que l'on me touche, que j'attrape les infections des autres en plus des miennes.

Un soir, j'ai osé demander des serviettes hygiéniques à une femme. Eh oui, les ombres de la rue ont aussi leurs

1. Tournée effectuée par des bénévoles ou des membres d'organismes sociaux pour venir en aide aux personnes vivant dans la rue.

règles ! La pudeur et la honte nous empêchent d'évoquer cet aspect de la féminité, mais on ne peut guère l'oublier. La nature est encombrante, elle accroît la sensation de saleté, on n'a pas toujours de tampons ou de protections, j'en ai souvent volé dans les supermarchés. Le cas échéant, un vieux tee-shirt sec fait l'affaire, mais l'odeur et les traces de sang s'incrustent dans le jean et la peau. On profite d'une visite dans un centre de la Croix-Rouge pour les jeter et trouver des vêtements propres, des treillis militaires moins salissants que le jean, des pulls amples. Encore faut-il que tous ces cache-misère soient à la bonne taille.

En vérité, je m'en fous un peu. Ma féminité m'a démolie, elle est la cause de tous mes malheurs. Elle n'a jamais été un atout, jamais…

Il fait doux en ce mois de mars. Pas de pluie, pas de vent. Près de mon « terrier », j'entends rire deux femmes. Elles ont le rire rauque des fumeuses. J'ai peur qu'elles me voient, alors je recule doucement, mais sans doute pas assez car elles se retournent. Surprises, elles m'interpellent.

– Hé, toi, la crasseuse, viens !

J'hésite. Reculer encore ? Fuir ou me donner une chance de communiquer ? La peur choisit pour moi, je réponds en bafouillant. L'image est cocasse, elles tiennent un bol de soupe et portent des robes à paillettes roses et bleues. Elles brillent comme des étoiles dans la nuit. Elles m'expliquent qu'elles « travaillent » et font payer les hommes pour leurs services. Elles se moquent gentiment de moi, de mon aspect souillon, me demandent mon nom et s'agacent de mon silence. Peu à peu, la glace se rompt toutefois, et elles me prennent par la main pour m'emmener dans un bar dont elles connaissent bien le patron.

Pendant qu'elles plaisantent avec lui, je me faufile dans les toilettes de ce vieux bistrot. Il y a une douche pour les employés et un savon de Marseille qui sent le citron et la mer. Je vis un moment étrange en épluchant mes couches de vêtements collées à ma peau. J'ai du mal à les enlever, j'ai honte de mon corps. L'une des femmes entre, me regarde longuement. Puis, sans dire un mot, elle m'aide à me débarrasser de mes habits. Personne n'avait plus touché mon corps depuis longtemps, il est laid, râpeux, il pue. L'épreuve est terrible, mes larmes coulent, laissant des traces blanches sur mes joues grisâtres. Avec précaution, elle me pousse sous la douche glaciale, me tend le savon et s'en va.

Accroupie sur le carrelage fissuré, je commence à me laver, à me frotter. J'ai froid, mais le savon glisse comme du miel. Mes cheveux moussent, chaque centimètre de mon corps réclame sa part de propreté, voire de volupté. Je prends mon temps, la femme revient avec un jean et une chemise d'homme, elle n'a rien pour habiller mes seins lourds, pas de sous-vêtements, tant pis, j'ai l'habitude. Elle me présente le nec plus ultra, un tube de dentifrice, sans brosse à dents. Je me nettoie avec les doigts, et comme les enfants, j'avale un peu de pâte pour rafraîchir mon haleine. Autre surprise : des chaussettes propres, deux fois trop grandes pour mes pieds, et pour parfaire mon nouveau look, une paire de chaussures appartenant au cuisinier. J'accepte tout, je souris d'imaginer ma silhouette mais c'est de l'or en barre. Je suis émerveillée comme une gamine un soir de Noël – un sentiment que j'avais oublié –, j'ai envie de rire, je n'ose pas. Surtout, je sens bon. Ma peau brille d'avoir été récurée, je suis propre comme un sou neuf et je sors de cette salle de douche, peut-être habillée comme un clown, glacée, mais digne. Mes cheveux coiffés avec mes doigts mouillent la chemise, ils sont plus longs après le shampoing. Le patron sourit et me prépare un thé vert à la menthe très sucré, « pour reprendre des forces », dit-il. J'ai envie de crier de joie, de le remercier, mais rien ne sort. Il prend ma main et murmure qu'il comprend, que mes yeux parlent pour moi. Il m'invite à revenir de temps en temps, en précisant que les toilettes restent à ma disposition. Que se passe-t-il ? Cet homme m'offre un peu de bien-être sans rien demander en échange. C'est stupide, mais cet élan d'humanité me bouleverse.

Les femmes parlent en riant, draguent ou aguichent leurs futurs clients dans le bar. Je les observe, elles font leur numéro de séduction, jouent de leur corps, de leur féminité, alors que la mienne est cabossée, travestie. Je reste assise au bar en sirotant mon thé. Il n'est pas question de m'incruster ou de compromettre leur « travail ». Après une demi-heure de détente, je leur fais un signe de la main et retourne sur mes pavés, en plongeant mon nez sur mes vêtements, sur mes bras, mes mains. Oui, je sens bon.

Ce mois d'août est caniculaire. Être dehors est une punition, le bitume est brûlant, dans les zones d'ombre ça pue l'urine, la transpiration, et les poubelles exhalent les odeurs des déchets. Déshydratée, j'ai des vertiges, je bois l'eau des caniveaux, je n'ai peur de rien. Les seuls lieux possibles pour se rafraîchir sont du côté des fontaines, des jets d'eau, près du bassin des Tuileries ou du Luxembourg. L'ennui est qu'ils sont pris d'assaut, les enfants y barbotent et je ne suis pas présentable.

Je préfère flâner le long des quais, au plus près de l'eau. J'adore me poster devant la façade du musée d'Orsay, en admirer l'architecture, écouter le bruit des vaguelettes soulevées par les bateaux-mouches ou les péniches, m'asseoir par terre, chercher l'ombre d'un muret ou attraper la chaleur du soleil pour soigner ma peau et mon moral en berne. Non loin de moi, les corps dénudés des femmes et des hommes étendus au soleil en bord de Seine me narguent... Ils sont beaux, eux, ravis de faire une pause, de se détendre sur leur serviette posée à même le bitume ; ils ne savent pas qu'il est l'antre du diable.

Il n'empêche, les quais sont pour moi le plus bel endroit du monde, à l'aube, quand aucune voiture ne vient polluer le paysage. Paris me semble alors plus majestueuse et poétique que jamais vue d'en bas, baignée par le soleil qui se lève. Vue d'en haut aussi, la Seine est belle. Les jours où mon allure est correcte, je flâne près des étals des bouquinistes, librairies à ciel ouvert qui me rappellent mon père. Certains vendeurs ont son âge, ils me laissent feuilleter les vieux livres couverts de papier cellophane, regarder les cartes postales ou les anciennes affiches publicitaires aux couleurs délavées. Tout est bon pour ne pas penser à la nuit à venir, sans savoir où je la passerai. De toute façon, la rue détruit le sommeil, elle impose une vigilance permanente, impossible de dormir en même temps que tout le monde, je m'assoupis où je peux pendant la journée.

Ce jour-là, je me sens inquiète, plombée par de mauvais pressentiments, en décalage total avec les personnes que je croise. Je me réfugie, comme cela m'est arrivé plusieurs fois, dans l'église de Saint-Germain-des-Prés. Il y fait sombre et frais, je me pose sur une chaise pour pleurer tout mon soûl.

L'hôte des lieux s'approche, un prêtre doux, attentif, qui m'écoute, me regarde dans les yeux. Les siens sont fatigués, ils en ont vu d'autres. Il ne craint pas la misère, à sa manière il aimerait au contraire la transcender, cela relève de sa foi et de sa liberté. Oserais-je écrire que cette même misère constitue en quelque sorte son fonds de commerce, ou du moins son fonds de pensée ? Oui. Je me souviens d'avoir beaucoup prié dans ma chambre, après les viols de mon frère. Je ne me souviens pas de la réponse, ni d'un moindre répit. Pourtant, avec ce prêtre, j'ai goûté à la douceur du réconfort, celui qui aide à rester debout. La même compassion que mon père, la même impuissance. Il m'arrache tout de même un sourire entre mes larmes, il perce ma carapace autour d'un café chaud. Un instant de partage que nous renouvellerons plusieurs fois. Mais Dieu lui-même n'est jamais venu me sortir de l'enfer.

Le prêtre me conseille un foyer d'hébergement pour faire une pause. Je m'y rends quelques jours plus tard, pleine de bonne volonté, mais le choc est rude, le miroir que me tendent les autres SDF est cruel. J'ai du mal à admettre que je fais partie de leur monde. J'aimerais rester dans le mien, occulter cette déchéance qui me colle, littéralement, à la peau. Ils sont autour de moi : les hommes avec leurs regards perçants, les femmes engoncées dans leur silhouette déformée par les couches de vêtements – elles n'ont plus de regard, ne savent plus sourire. À les voir tous réunis sous le même toit, et malgré les attentions des bénévoles qui nous accueillent, j'ai l'impression d'être à la cour des Miracles.

Je ne veux pas être comme eux. Je m'enfuis en courant – ce n'est pas une image, j'ai filé à toute vitesse jusqu'au square, je me suis assise pour pleurer. Moi, une SDF, une vraie. Le ciel m'est retombé sur la tête. Et soudain, le besoin impérieux de me laver au robinet du jardin.

Le fait est que l'accueil dans les associations dédiées aux gens de la rue n'est pas si simple. Les appels téléphoniques disent clairement la détresse, mais quand vient le face-à-face avec le personnel social, alors c'est la grande panique, mêlée de honte. On n'ose plus rien dire, on refoule. Les mots ne sonnent pas juste, ils ne traduisent pas notre réalité, il suffit de nous regarder ! Le fonctionnement des centres d'accueil est ambivalent, on nous loge, certes, mais dans des lieux ou des hôtels plus que vétustes, tenus par des mafias de marchands de sommeil ; on peut y rester un, trois ou sept jours, puis retour sur les pavés. Je suis mal placée pour dénoncer un système où des personnes pleines de bonne volonté font ce qu'elles peuvent avec les moyens dont elles disposent. Sauver des vies est bien sûr une noble intention, mais l'humiliation y est permanente, en partie parce que la réalité est elle-même déshonorante, en partie parce que l'organisation pérennise surtout l'urgence et la précarité.

Minou, avec qui j'écris ce livre, a attiré mon attention sur l'ouvrage d'un psychanalyste et ethnologue belge,

Patrick Declerck. Il a longtemps enquêté dans ces lieux, et ailleurs dans la rue. C'est lui qui, en 1986, dans le cadre de l'association Médecins du monde, a ouvert la première consultation d'écoute pour les SDF en France. Dans son livre *Les Naufragés : avec les clochards de Paris*[1], il dit que les lieux d'hébergement portent en eux « quelque chose du monde carcéral : ce mélange trouble des enjeux de la domination et de la sexualité. Femmes et hommes ont peur ». C'est tellement vrai... Comme tant d'autres, j'ai redouté de dormir dans les dortoirs, d'être agressée, dépouillée de mes rares biens. J'ai eu peur d'être rackettée ou violée par ceux-là mêmes qui nous accueillent pour nous faire du bien, une pratique peu courante, certes, mais qui existe – je ne suis pas la première à la révéler. J'ai craint aussi de ne pas savoir respecter les règles collectives, de m'exposer au regard des autres déglingués.

La désocialisation a insidieusement perturbé mon comportement ; il devient difficile de gérer l'altérité, je pense d'abord à moi. Difficile de répondre à ceux qui nous tendent la main, eux non plus ne trouvent pas toujours les mots adéquats, le dialogue est poussif, empreint de gêne ou de brutalité. La charité exclut le vrai échange ; ceux qui donnent apaisent leur conscience, ils oublient souvent de nous regarder, de nous aimer, ne serait-ce que cinq petites minutes. Ceux qui reçoivent ne sont plus capables de dire merci.

---

1. Patrick Declerck, *Les Naufragés : avec les clochards de Paris*, Paris, Plon, « Terre humaine », 2001.

J'ai eu faim et soif pendant de très longues années. Depuis ma plus « tendre » enfance, j'ai été privée des petits plaisirs qui réconcilient avec la vie. Comment pallier la défaillance d'un regard maternel ? D'un regard aimant qui aide à se construire ? Qui peut subir la violence des siens sans trimballer un sentiment d'insécurité chevillé au corps ? Tant de traumatismes mettent à mal l'image de soi. Il en faut peu pour la détruire mais tant pour la reconstruire.

Mes menus bonheurs ? Boire un thé chaud sans avoir à raconter mon histoire pour le « payer », recevoir un sourire dans un dortoir avant de m'endormir, rire avec une voisine de table, me laver sans être reluquée, prendre un bain dans une baignoire, être rassasiée, sentir la douceur d'une peau, poser ma tête sur une épaule accueillante, déguster une pâtisserie, respirer un parfum, lécher un cornet de glace, porter un tee-shirt neuf, parler à un homme sans en avoir peur. La liste de mes envies, pour paraphraser un roman à succès, est infinie, elle n'a cessé de s'allonger depuis ma petite enfance...

Il arrive tout de même qu'un joli plaisir s'invite. Dans la rue, j'ai découvert le goût délicieux des samoussas, ces beignets du nord de l'Inde farcis aux légumes ou à la viande et épicés avec du piment, de la coriandre et du curcuma. Derrière le Trocadéro, dans les immeubles cossus, les portes des entrées de service restent souvent ouvertes et donnent accès aux douches et aux toilettes normalement utilisées par les locataires des chambres de bonnes. J'ai trouvé cette combine par hasard, j'y passe tôt le matin pour ne gêner personne. C'est là que j'ai rencontré un Indien d'une soixantaine d'années. Il me demande en anglais si je veux un « *breakfast* », et comme je viens de faire un brin de toilette, j'accepte. Un café, un samoussa, des signes plutôt que des mots, une dégustation silencieuse, précieuse, que nous avons renouvelée comme un instant de luxe secret, moi et cet homme discret, poli. Un an après notre charmant rituel, je suis repassée le saluer, mais c'est un autre employé qui m'a accueillie et appris que le généreux Indien était mort d'une crise cardiaque.

« La vie peut tout t'enlever sauf ta dignité. »
Cette phrase ne me quitte plus. Elle m'aide à tenir debout, à redresser la tête chaque matin, que ce soit dans mon errance ou aujourd'hui encore, en cas de galère. J'ai entendu ces mots en fréquentant le local d'une association, la Halle Saint-Didier, un endroit chaleureux au cœur du XVIe arrondissement, signalé dans le livret publié chaque année par la Mairie de Paris pour informer des services destinés aux SDF. Je vais souvent à la mairie pour me réchauffer, consulter les annuaires sociaux, jusqu'à ce que mon aspect rebute trop un employé municipal qui me renvoie dehors.

Ce foyer d'accueil est situé près d'un marché où je récupère, en fin de matinée, les fruits et légumes jetés par les commerçants. Les femmes n'y sont pas reçues en même temps que les hommes, mais devant le local vitré il y a du monde, beaucoup de monde, qui crie et joue des coudes pour boire un café chaud. Une image aussi terrible que celles filmées dans les pays en guerre quand les camions des

ONG distribuent de l'eau, de la nourriture ou des médicaments. Seulement voilà, nous sommes en France et il n'y a pas de guerre…

L'intérieur de la Halle est vaste, garni de plantes vertes, décoré par des affiches ou les photos de ceux qui un jour sont passés se reposer ou s'informer. Des pêle-mêle comme ceux que l'on retrouve chez certains gynécologues ou pédiatres qui affichent les clichés des bébés qu'ils ont mis au monde ou dont ils se sont occupés. À Saint-Didier, une équipe pluridisciplinaire écoute, conseille, soigne, soutient les démarches administratives. Des machines sont à la disposition des personnes qui veulent laver leur linge, une coiffeuse lave et coupe les cheveux de ceux qui le désirent ou en ont besoin. Bref, pendant cette halte salutaire, on peut oublier la rue.

Des femmes reçoivent les « plus démunis » ; oui, on les appelle ainsi pour ne pas dire les « miséreux », les « laissés-pour-compte », comme on dit des sourds qu'ils sont « malentendants » ou des aveugles qu'ils sont « malvoyants »… À force d'édulcorer le langage, on gomme la réalité de crainte de la prendre en pleine gueule, le politiquement correct n'a pas de limite. Ces femmes aimables, donc, sous la houlette de Didier (sans rapport avec le saint, heureux hasard des noms), sont bien sûr bénévoles. Elles ont une allure un tantinet désuète, un phrasé précieux, un regard compatissant bien qu'elles soient aussi apeurées à l'idée de se mélanger aux femmes de la rue et, qui sait, d'attraper leurs microbes. Qu'importe leurs contradictions, elles sont présentes et chaleureuses.

Malgré mon air buté et mon incapacité à parler, Didier tente de nouer le dialogue lorsqu'il me voit traîner ou feuilleter des ouvrages devant la petite bibliothèque. Rien ne vient, je ne peux pas me confier. Je souhaite juste lire pour rêvasser, laisser mes pensées partir ailleurs, siroter une boisson chaude. Didier, qui sent que la coupe est pleine, insiste, mais avec une telle douceur que je commence à lui raconter ma vie, les viols. Ce frère qui hante mes nuits, ce silence des parents qui me ronge. Didier m'écoute et me regarde sans aucune arrière-pensée. Il n'est plus un travailleur social, juste un homme attentionné qui se poste derrière moi, pose ses mains sur mes épaules et les masse doucement. Un frisson de bien-être m'électrise de haut en bas. Il n'en faut guère plus pour lâcher prise, la machine à remonter le temps opère, un flot de larmes surgit qui m'apaise.

Je reviens souvent dans ce lieu… pendant un an, deux ans ? Je ne sais plus, j'avoue que j'ai du mal à dater les événements, une longue errance abolit les repères. Je vis au jour le jour, je me fiche du temps qui passe, les seules choses que je compte sont les quelques pièces récoltées ou le peu de vêtements trimbalé.

Je m'accroche à ces pauses qui me procurent du bien-être. Didier et sa collègue Valérie m'aident à trouver des tickets pour manger, des sacs de couchage, nous tissons des liens jusqu'au jour où Didier quitte l'association. Et c'est Valérie qui me dira, les yeux dans les yeux, en me tenant par les épaules : « La vie peut tout t'enlever sauf ta dignité. »

Elle m'emmène dans une église protestante où elle s'occupe du vestiaire et me laisse choisir des vêtements propres, à ma taille. J'ai droit au café chaud, à un sac de vivres et à deux tablettes de chocolat. Du chocolat ! Quel délice ! Je n'en ai pas mangé depuis des années. Il aurait, dit-on, la vertu d'être un bon antidépresseur... Il m'en faudrait des kilos pour venir à bout de mon mal-être. En attendant, je m'en délecte, ce plaisir est magique !

Je reprends forme humaine, je me drape dans ma toute nouvelle dignité et, revigorée, je retourne sur les pavés. Je fais toujours la manche, mais ça marche mieux pour moi, je recouvre le sens de la communication, je parle avec ceux qui me font l'aumône, je ris avec les enfants que je croise, je ne crains plus les gens normaux.

L'été s'échappe. L'automne s'installe doucement, enrobant les quais d'une lumière moins crue, presque opaque. Les feuilles tombent, jaunies, roussies, elles craquent sous mes pieds comme lorsque je les faisais chanter sous mon cerisier. J'égrène peut-être des clichés, mais si les saisons se succèdent depuis la nuit des temps, moi, j'en suis toujours au même point, à thésauriser quelques miettes de mon enfance pour tenir debout.

Certaines couleurs disparaissent de ma vie. À force de baisser la tête, je ne vois plus que le gris des trottoirs. Je ne porte que du noir pour ne pas me faire remarquer et m'emmitoufle dans mon manteau à capuche. Je ne peux plus griffonner, inventer des formes, colorier une feuille blanche.

Et pourtant, en quittant la rue, plus tard, bien plus tard, je retrouverai ces nuances sur mes toiles ou mes palettes. J'adore la peinture, car pour moi, peindre, c'est aimer à nouveau, dire à l'autre ce que les mots n'expriment pas toujours, mettre de la couleur dans ma vie ou dans celle des personnes que j'estime. Chaque teinte primaire évoque pour moi les pires ou les meilleurs moments de mon existence – les blessures, les carences et les douceurs furtives.

Dans le symbolisme des couleurs occidental, le blanc est innocence et pureté. Mais en Asie, il représente le deuil, ce long deuil de ma virginité et de mon enfance. Blanc comme les cols blancs, ces hommes d'affaires de l'ouest de Paris, dans le quartier de la Défense, là où j'ai foulé l'enfer de la rue pour la première fois. Ils sont propres sur eux, prompts à affoler le monde de la finance, conformes à l'image que l'on attend d'eux au cœur d'une vie de famille ou d'un célibat, ordinaire. Les mêmes m'ont violée, après une soirée d'ivresse, dans un parking de l'immeuble de leur multinationale, en brandissant allègrement leurs bouteilles de whisky. Ils l'ont fait, comme on dit, « en réunion » – une expression qui leur va bien –, cintrés dans leur triste uniforme costard-cravate, clamant haut et fort, entre deux rires, qu'ils n'étaient pas descendus pour rien, qu'une femme SDF, ça coûte moins cher qu'une pute. Et ça rit et ça rote. Ils ont le triomphe facile, ces gros cons. Cols blancs comme neige, lâches, violents, avides de sensations fortes pour pimenter leurs dîners d'affaires arrosés et ennuyeux. Connus comme des loups blancs, intouchables, défendus par la police, et nous autres, femmes violées, priées de retourner à nos squats, loin d'être blancs.

Aucune issue possible, à cinq, ils m'empêchent de bouger, ils sont trop nombreux. À tour de rôle, ils m'imposent des fellations, me pénètrent et me sodomisent. Ils repartent en me laissant nue sur la plaque de béton, exsangue, à moitié inconsciente. Avec le silence en cadeau, je n'entends plus rien, les oreilles bouchées, des vibrations étouffées dans mon crâne.

À force de rencontrer des psys, de chercher à comprendre, via Internet ou des livres parcourus dans les grandes surfaces, le pourquoi de ma déchéance, à force de souffrir et de me poser tant de questions sur mes crises de panique, de lire des articles de spécialistes, j'ai enfin admis que le viol sidère, au sens propre et scientifique du terme. L'organisme est tout entier sous tension, la panique est totale. La production d'hormones du stress s'arrête et fait disjoncter le cerveau. Cette dissociation permet de rester en vie, en transformant le souvenir du viol en traumatisme, elle le piège. Son émergence, quel que soit le moment, réactive une très grande souffrance. Cette mémoire traumatique met du blanc sur le passé, un blanc vide de sens mais plein de trous. C'est l'une des caractéristiques de tous les enfants qui ont subi des violences sexuelles, qui ne peuvent pas en parler au risque de raviver leur insondable douleur. Les femmes violées parviennent, avec difficulté, à trouver les mots pour décrire l'insoutenable, pas les enfants, et j'étais une enfant la première fois. Même les soignants qui nous prennent en charge ont du mal à concevoir ce que nous avons enduré ; l'échange se bloque, recouvert par du blanc.

On constate la même attitude chez les enfants qui ont grandi au cœur d'une guerre, sous les bombardements et les nuages de poudre, avec la peur panique d'être touchés par des balles. Le dessin peut permettre d'exprimer les objets, les lieux qui les ont terrorisés. Toutes proportions gardées, je pense aussi aux survivants de la Shoah, à leur incapacité de raconter les camps, leurs souffrances collectives et individuelles. Claquemurés dans leurs souvenirs, certains ont parfois mis toute une vie pour y parvenir, d'autres n'ont jamais pu. Oui, les grandes douleurs sont muettes. L'inceste attaque le sentiment même d'être humain. C'est irrémédiable quand aucun recours n'a été possible, quand ni la mère ni le père n'ont tenté de geste réparateur.

Pour ma petite sœur et pour moi, comment raconter que notre propre frère et ses copains ont abusé sexuellement de nous quand nous ignorions ce qu'est un sexe ? Comment dessiner un sexe d'homme sans risquer de se faire taxer de perverse ou de folle ? Comment figurer les corps dans le feu de la violence de la transgression ? Est-il possible pour un enfant de décrire le viol avec son vocabulaire ou ses dessins ? Non. Je ne manque jamais les reportages ou les documentaires sur les violences faites aux femmes et aux enfants. Et je constate que pendant les interrogatoires filmés, c'est surtout le « soignant », le policier, l'adulte qui souffle les mots pour aider l'enfant à se libérer. Et ça ne suffit pas. Tant de nuits blanches pour comprendre, trouver les mots justes... Alors oui, on ripoline la mémoire d'une couche de blanc pour abolir les idées noires.

Enfant blessée hier, femme abîmée, je vois aussi du rouge. Celui qui me monte aux joues dès que j'aborde mon histoire et que mon interlocuteur s'empourpre à son tour, de gêne ou d'effroi. Rouge comme le sang, le mien, qui coule à l'arrière de la tête, trop cognée par terre pendant les viols. Le rouge foncé qui colle sur mon sexe déchiré, défoncé, et sur le haut de mes cuisses. Le sang dans ma bouche qui a reçu tant de coups. Ce rouge vif que je ne parviens pas à trouver en peinture, aucun pigment de ma connaissance ne parvient à le restituer. Rouge de colère. Cette couleur chaude, excitante, évoque les vampires se repaissant du sang des autres. Et si, quand je peins, je l'éclaircis avec un peu de blanc, c'est aux litres de rosé ingurgités par ma mère que je pense. Elle qui, comme les trois petits singes, emblèmes de la sagesse asiatique – pas la sienne hélas –, préfère ne rien dire, ne rien entendre, ne rien voir. Elle noie sa lâcheté dans le vin, elle s'en imprègne pour rester la complice tacite, toxique, de son fils, cet « être merveilleux ».

Il y avait pourtant du rose dans ma petite enfance. Pas les habits de poupée ni les trousses d'écolière : je n'ai pas eu le temps d'aimer cette couleur et de vouloir en mettre partout, comme les fillettes d'aujourd'hui... Mais le joli rose des fleurs, dans le jardin de mon père. Le rose des fleurs de mon arbre, dans lequel je me cachais avec mes copines. Je croyais encore, à cette époque-là, au symbolisme japonais de la floraison du cerisier, annonciateur d'un cycle de beauté et de pureté, que de nombreuses femmes se font tatouer. Mais non, ce n'était qu'une croyance. J'aurais dû rester perchée dans l'arbre pour ne pas bannir le rose du reste de ma vie.

Et ce jaune, doré, ambré, comme le whisky, qui colore les rires avinés de mes innombrables violeurs, que l'on attribue par ailleurs à l'or de la richesse matérielle ou de la domination... Ils n'étaient pas tous fortunés, loin de là, mais ils agissaient en puissants, comme s'ils possédaient le monde.

Le jaune éclatant, comme la lumière du soleil que je supporte mieux aujourd'hui mais qui a longtemps brûlé ma peau et les vers qui la peuplaient, les plaies et les cicatrices d'un corps atomisé.

Oh, le beau bleu ! Porte-bonheur pour les Égyptiens, couleur divine pour les peintres de la Renaissance, mon bleu à moi est mon compagnon, le ciel. Combien de fois l'ai-je regardé se mouvoir au-dessus de ma tête, juste pour échapper au gris du bitume ? Ce ciel change au gré de mes angoisses et de mes souvenirs, nuageux ou limpide, gris ou strié d'éclairs effrayants.

Je pense au sang bleu de mes ancêtres du Val de Loire, ces « nobles » qui doivent se retourner dans leur tombe devant ma vie ratée. Pardon, mes aïeux, je ne vous arrive pas à la cheville, ma famille me le fait suffisamment comprendre. Serais-je la honte de la descendance, celle dont on ne parle pas, la femme taboue ? À moins que vous ne soyez en partie responsables de cette dérive, derrière les hauts murs de votre respectabilité... J'ai une peur bleue de continuer à vivre, j'essaie de trouver un sens à tous les bleus de mon corps et de mon âme, en vain. Peur bleue encore de penser que j'ai peut-être mérité ce qu'il m'est arrivé, que je n'ai pas hérité de votre bravoure, chers ancêtres, celle qui aurait pu me permettre d'éviter le pire ou d'accuser mon frère – qui a lui aussi, soi-disant, une once de sang bleu.

Je me suis souvent demandé pourquoi la couleur de l'océan breton m'attire autant lorsque j'ai la chance de le voir. Cette mer plus agitée que paisible m'envoûte, elle pourrait être une porte de sortie vers la mort. Un suicide impulsif, un malheureux accident, et c'en serait fini de mon fardeau. Ce bleu infini, ondoyant, aura-t-il un jour raison de ma vie ? J'y songe parfois. Mais non, je n'irai pas m'enfoncer dans l'eau avec les poches emplies de pierres comme Virginia Woolf, pas tant que mes enfants m'appelleront sur la plage, sous la chaleur du soleil.

Dois-je raconter le noir ? J'en ai broyé beaucoup… Il hachure mes idées, encore aujourd'hui, j'en fais des dessins au fusain. Cette couleur profonde incarne autant l'austérité que l'élégance, la peur, la tristesse, la méchanceté. Les uniformes du pouvoir, des hommes de loi, les costumes sombres des cols blancs et les habits des vilaines sorcières.

J'ai vécu et éprouvé toutes ces émotions, je n'ai pas eu la chance d'être distinguée, de porter la « petite robe noire » basique et festive que chaque femme possède dans sa garde-robe. Depuis que j'ai quitté les pavés, j'essaie de retrouver un corps normal, d'être femme, mais je préfère des vêtements aux tons vifs, chatoyants, un maquillage discret mais qui se voit quand même.

Le prêtre de l'église Saint-Germain porte la soutane noire, mais il ne me fait pas peur, surtout pas le jour où il m'embauche pour la chorale espagnole du dimanche. J'adore mêler ma voix à d'autres, avoir le sentiment d'appartenir à un groupe de gens debout, oublier la vie qui m'attend dehors. J'y suis retournée bien sûr, mais quand il a quitté sa paroisse, j'ai arrêté de chanter.

Je me souviens aussi de ces jeunes gothiques, tout de noir grimés et habillés, qui ne pensaient qu'à en découdre, nostalgiques des scènes cultes d'*Orange mécanique*. Ils se sont jetés sur moi parce que j'avais osé rire de leur allure, ils m'ont frappée, par pur sadisme, m'ont laissée à terre et sont partis, repus.

Dans la rue, le noir domine, mais la nuit je m'accroche à la moindre lueur, je me place dans l'axe des lumières pour éviter les dangers. Sur mon corps aussi, j'ai vu beaucoup de stries sombres, sur mes mains, mes pieds, mes vêtements, de l'eau noircie sur le carrelage des douches municipales. Et toutes ces doudounes foncées, ces chaussures, ces manteaux d'hiver que je regarde courir, postée sur mon bout de trottoir. Le noir de la nuit me panique ; même aujourd'hui, alors que je suis à l'abri, je ne peux dormir qu'avec la lumière ou la télévision allumée, comme les enfants qui demandent une veilleuse pour chasser les monstres.

Dans la non-vie, au ras du bitume, la rue est noire, triste et sale, il faut lever la tête très haut, vers les visages et les enseignes, pour apercevoir la gaieté des couleurs.

Cela fait-il trois ans, cinq ans que je suis dans la rue ?
Je ne sais plus. Même l'écriture ne peut venir à bout de
la mémoire traumatique. Je mélange encore les dates et
les événements de ma vie, comme dans un shaker. Il n'en
reste que les grandes lignes, des flashes, mon frère dans
ma chambre et dans ma vie, les premiers jours dans la rue,
les viols.

Cette année-là, quand vient la fin de l'automne, il est
impossible de dormir sur l'herbe du Champ-de-Mars à
cause du froid et de l'humidité, la pelouse n'est plus ce
matelas moelleux qui repose le dos. Il me faut donc repartir
à la recherche de halls d'immeubles, de paliers de derniers
étages, de codes à pirater d'un regard. Les célèbres toits
de Paris ne changent rien à mon affaire, trop hauts pour
moi, je ne peux ni les atteindre, ni m'en protéger, ni même
jouir de leur alignement.

D'autres apprentissages s'imposent, tendre la main dans
la rue, me pelotonner dans des vêtements de grande taille,
réchauffer mon corps au-dessus d'une bouche de métro ou

à l'abri des courants d'air qui caressent les trottoirs. Faire la queue aux urgences, y passer des heures, voire des nuits, rien que pour avoir un peu chaud, simuler une intolérable douleur pour ne pas éveiller la méfiance des infirmières ou des patients, trouver les toilettes, m'y réfugier pour ne pas me faire remarquer. Sortir, attendre des maraudes, un bol de liquide chaud, un morceau de pain, quelques mots de compassion, faire la queue dans le vent glacé pour entrer dans une soupe populaire ou une antenne des Restos du cœur. Impossible de m'habituer à tous ces moments, à ces gestes humiliants. Rien n'en laisse deviner la fin, rien. Bien au contraire…

Cette année-là, je découvre que la terreur s'ajoute à l'indignité de vivre dans la rue. Le tribut est lourd à payer, compte tenu du prix du mètre carré de trottoir. Une organisation « immobilière » mafieuse, et je peux dire sanglante, régit les rues de Paris. Il s'agit bien de quelques pavés, de quelques centimètres de goudron, d'une encoignure de porte, d'une marche, d'un coin de parking ou de garage désaffecté. Sur cet immense royaume de la misère, les « propriétaires », en majorité des hommes des pays de l'Est ou du Maghreb, règnent en tyrans absolus, nantis d'un pouvoir de vie ou de mort sur tous leurs « locataires ». Oui, de vie ou de mort.

En commençant cet ouvrage, je suis retournée voir un groupe de copines qui, ayant du mal à se réinsérer, ont élu domicile sous le pont de Clignancourt. Deux d'entre elles avaient été égorgées la veille au cours d'une rixe, parce qu'elles n'avaient pas « payé leur loyer ».

Payer quoi ? Les rues et les trottoirs qui appartiennent à tout le monde ? Payer qui ? Avec quel argent ? Il n'y a pas d'argent dans la rue, sauf pour les rares personnes qui travaillent ou touchent le RSA et se font dépouiller d'une manière ou d'une autre. Les femmes ont une seule monnaie d'échange, leur corps. S'il n'existe plus pour elles, si elles le camouflent et n'en ressentent que les douleurs, il est toujours un corps, mais aussi – pardon – un « trou » pour les pervers qui sillonnent les rues. Elles sont donc sommées de coucher avec les « propriétaires », de se soumettre à une fellation, ou, mieux, de se prostituer pour être « tranquilles », c'est-à-dire éviter les coups en cas de désobéissance. Et comme le nombre de femmes SDF a beaucoup augmenté ces dernières années, j'imagine que les propriétaires en question font fortune et vivent dans des logements plus décents que leurs « locataires », et qu'ils ne sont peut-être pas les SDF que l'on croit.

L'hiver dont je me souviens est très rigoureux, il neige souvent, le vent accentue le ressenti de la froidure. Mes cicatrices dans le dos, sur les jambes ou autour du vagin me brûlent jusqu'à l'insoutenable. J'ai parfois l'impression d'avoir le diable entre les jambes à force de mycoses ou d'eczéma, d'autant que je n'ai plus les moyens de porter des culottes ou des soutiens-gorge depuis longtemps. Dans les rues près de Montmartre, je me cale sous la porte cochère d'une résidence privée. J'ai pu mémoriser le code de la grille et chaque soir je me glisse dans les escaliers de la cave. Discrète, vêtue de noir, j'essaie de me rendre plus invisible encore que je ne le suis... Dans un petit supermarché attenant à l'immeuble, je vole de quoi survivre, pas plus, pas moins. Pour me réchauffer, je me place en face du magasin, profitant du souffle chaud de la porte qui s'ouvre, et j'observe les clients : des familles avec des gamins espiègles, des personnes pressées, râleuses, d'autres plus âgées, plus fragiles, et quelques voyous qui volent, comme moi.

Pour mendier, je me rapproche du supermarché. Je n'ose pas parler, j'ai à peine le temps de réfléchir à la méthode adéquate pour faire la manche qu'un homme très grand, baraqué, blond aux yeux noirs, m'ordonne de me lever et de le suivre. Surprise, je lui demande de partir, il me répond que je suis sur son territoire.

– Pardon ? Quel territoire ? Le supermarché ?

Il ne ressemble pas à un employé, les gens commencent à nous regarder bizarrement. Ses yeux me fusillent.

Il me dit avec un fort accent slave :

– Dégage ou tu auras problèmes, ce trottoir est à moi, tu n'as pas le droit être là !

Je m'éloigne. Un autre SDF, témoin de la scène, m'explique que ce surnommé Rousskoff règne sur le quartier, chaque mètre carré occupé lui appartient et coûte très cher. Il me raconte encore qu'ici, les femmes se soumettent à sa bande, à des actes sexuels pour quelques centimètres de goudron. Écœurée, je ne sais pas quoi faire.

Je reprends ma place, décidée à négocier avec le soi-disant maître des lieux. Erreur fatale. Ledit Rousskoff débarque avec deux de ses acolytes, j'essaie de m'enfuir, ils me plaquent contre un mur, me frappent au ventre, au visage et me prennent les quelques centimes que je viens de récolter. Je reste assommée par terre, les passants me regardent sans oser intervenir vu l'allure des gaillards. Je me traîne vers un parking et je m'évanouis.

Je me relève quelques heures plus tard. Il me faut de l'eau pour me laver, nettoyer le sang qui colle à ma peau et à mes vêtements. Dans le square, près de la fontaine, je décide de ne plus demander d'argent, le Russe me le prendrait. Je préfère mendier un savon, une brosse à dents, une bouteille d'eau, des biscuits. Ça marche. Les gens ont sans doute pitié de mes meurtrissures, certains m'apportent même des vêtements chauds. Dépité, le Russe revient vers moi et donne un coup de pied dans le sac où j'ai rangé les dons. Il repart, j'ai gagné !

Mais non, le revoilà, il rôde autour de moi, je sens sa colère, son haleine dans mon cou, je ne bronche pas, lui non plus. Les clients me sourient peu à peu, je crée des liens avec les femmes qui font leurs courses avec leurs enfants. Je continue ma mauvaise vie, j'oublie le Rousskoff, putain, qu'il aille au diable !

Quelques jours plus tard, un jeune homme plutôt bien habillé me propose de prendre une douche chez lui. Qui offre une douche à une SDF ? Un pervers, sûrement. Je l'observe, il semble sérieux, il habite non loin de là et me garantit être un pro du thé chaud. Suspicieuse, je refuse. J'ai peur, je sais que je suis une proie facile, même pour ce jeune homme à l'air angélique.

Le lendemain, il revient, insiste « pour mon bien » et j'accepte. Je le suis, intimidée, apeurée. Au fond, me faire violer, par « un propriétaire » mafieux ou par lui, ça m'est égal ; le thé, l'eau chaude, j'en ai besoin, je suis à bout. Mon cynisme me surprend et me dépasse...

Son studio est petit mais il y fait bon. Je n'ose pas m'asseoir de peur de salir son lit, ses meubles. Je remarque quelques traces féminines, un rouge à lèvres, une nuisette, une robe, les affaires de sa femme, sûrement. Que penserait-elle de me voir chez eux ? L'homme me pose plein de questions, je marmonne oui, non, oui, non... Mon travail, avant ? Secrétaire, oui, une secrétaire déchue sur un trottoir.

Ma famille ? Connais pas… Des amis ? Dans la rue ? Si peu… Il rit et me sert un thé, brûlant, sucré, qui me fait fondre en larmes. L'effet de la chaleur sur mes mains gelées et abîmées, le liquide suave dans ma gorge, je m'étouffe puis me ressaisis et recommence à boire doucement. Le thé coule en moi comme un trésor. Il me sourit, nous rions. Quel joli moment ! Je comprends enfin qu'il n'a nulle mauvaise intention. Le lien est si bien établi en cet instant que nous pleurons tous les deux.

Je respire un grand coup, il m'emmène dans la salle de bains, à moi d'en disposer, de faire une toilette. Il m'offre une douche simple, une serviette douce comme dans mes rêves, un shampoing… Il me laisse seule. Que va-t-il faire si je me déshabille ? Je repense au Russe dehors, il doit me chercher… Du coup, j'enlève mes vêtements, si sales qu'ils tiennent debout. À travers la porte, l'homme me propose de les laver. Non, il est bien gentil, mais je n'en ai pas d'autres, je dois les remettre après ma toilette. L'eau chaude, noircie, ruisselle sur mon corps, ma peau tremble et redevient blanche. Le sang parti met au jour des bleus, des traces de coups, des petits trous sur mes jambes.

Oui, je pleure encore, je sais, mais que voulez-vous ? Une vague d'émotion, une tristesse infinie m'habitent. Il suffit d'un rien pour que le flot se déverse. L'homme me demande si tout va bien. Oui, dès qu'une aide se présente, je revis, j'ai envie de rester là « pour toujours », comme disent les enfants, ici, dans le confort, dans la buée enveloppante de la douche…

Je remets mes vêtements crasseux, tant pis, je me sens propre à l'intérieur.

Le jeune homme est affairé près de sa kitchenette, il me prépare un sac avec de la nourriture. Je ne sais même pas son nom, je ne l'ai jamais su, je le remercie mille fois avant de partir. J'ai envie de l'embrasser, mais je n'ose pas. Il vient de me faire l'un des plus beaux cadeaux de ma vie...

Je n'ai que quelques mètres à franchir pour me rasseoir sur mon bout de trottoir. Ma gorge se noue, j'ai mal au ventre, le Russe est là. Il m'attend devant la porte du supermarché, avec l'air patibulaire d'un homme très alcoolisé. Cette douche m'a insufflé un peu d'assurance, je garde la tête haute et me dirige vers ma place. Je ne veux pas le regarder, lui donner l'importance qu'il n'a pas. Je place mon tout nouveau sac de nourriture près de moi. Rousskoff s'approche, avec son haleine pestilentielle il me demande où je suis allée. Je ne réponds pas, je n'ai aucun compte à lui rendre, plutôt crever. Je ne suis pas dans sa bande, je ne lui appartiens pas. Il veut me gifler, j'esquive son geste, trop lent vu son état. Il hurle, il est effrayant. Je ne dois pas céder à ma peur. Il se penche sur moi et me dit doucement de ne pas bouger. Il s'en va, chancelant.

Je mets du temps à retrouver mon calme, puis je décide de manger dans l'un des garages désaffectés Il fait trop froid dehors. Je me confonds avec les murs, ici personne ne peut me voir. J'avale quelques gâteaux et de l'eau minérale, c'est bon ! Repue ou presque, je m'endors.

Réveillée par des coups de pied.

Le temps d'émerger en criant au milieu de rires gras, de mots en russe, je comprends que Rousskoff m'a retrouvée, qu'il n'est pas seul, deux hommes l'accompagnent. L'un me montre un long couteau pour me faire taire, l'autre ricane, un freluquet nerveux avec des yeux globuleux. Je me recroqueville contre le mur. Celui qui tient le couteau commence à écarter mon manteau, ma veste, mon pull. Je tremble de tous mes membres comme une épileptique.

Tout va très vite. Ils me plaquent au sol, nue, glacée.

La tournante a duré des heures. J'ai mordu, hurlé, suffoqué. Une véritable torture, dans mon dos, dans mon sexe, dans ma bouche. J'ai pris des coups en essayant de me défendre, j'ai entendu des râles, des halètements, j'ai respiré des souffles alcoolisés. Ma tête a cogné maintes fois le mur, le sol, j'avale du sang. Je me sens partir, mourir, revenir. D'autres Russes les ont rejoints, ils sont six, sept ou huit maintenant. À quoi ça sert de compter les animaux de la meute à ce niveau de bestialité ? Je ne suis qu'un pantin désarticulé, mon esprit est anéanti, je ne pense plus. C'est la descente aux enfers. En décrivant cette scène j'ai encore mal, j'entends leurs rires démoniaques…

Le pire arrive. D'abord une giclée de vapeurs d'alcool, une bouteille versée sur moi, puis cassée, elle me déchire les omoplates, j'ai l'impression que ma peau s'ouvre, on me retourne et le verre froid, acéré, attaque mon sexe. Je me souviens d'avoir tant crié… pour rien… Je reconnais ma voix, elle sort de ma gorge endolorie, mais mon corps n'est plus à moi. La douleur en bas des reins, les brûlures dans mon vagin, l'étau qui enserre ma nuque, est-ce bien moi ? Je perds connaissance. Je meurs dans une flaque rouge, poisseuse. Ils m'abandonnent nue, pleine de sang et de sperme.

Carton noir.

Un homme qui venait chercher sa voiture dans le parking a hurlé en me voyant, il a immédiatement appelé les pompiers. Groggy, je suis incapable de parler. Je bringuebale sur la civière, j'entends des voix et des sons métalliques. Dans ma tête, des flashes blancs et noirs.

À l'hôpital, on me pose des questions, je ne réponds pas. La police vient, je ne dis rien, je ne peux pas. On me recoud de tous les côtés, on me garde quelques jours en observation. Les médecins veulent me placer dans un foyer. Une assistante sociale m'apporte des vêtements et me donne de l'argent pour payer une semaine d'hébergement. Je prends l'argent, je me sauve, j'ai perdu l'esprit. L'errance dans l'errance.

Les hommes qui vivent dans la rue sont plus nombreux que les femmes, alors ils se groupent pour commettre leurs atrocités. Une violence impunie, passée sous silence. Une violence partagée ! C'est pas moi, c'est lui… eux… là-bas… ou personne…

Il n'y a pas d'huissier dans la rue, aucun bien à saisir, nulle sommation. On couche, on paie, on se soumet. Sinon les coups, les viols, la mort ! Cette loi de la rue s'applique aux femmes d'abord, bien que les hommes ne soient pas tous épargnés. On les attaque aussi pour les neutraliser, leur faire peur, les dépouiller de quelques centimes, de quelques bouteilles de vin ou d'alcool.

Pas d'enquête, pas de coupables. Personne n'ose porter plainte, au risque de représailles plus violentes encore. Aucune femme n'a le courage d'entrer dans un commissariat, elle n'est jamais présentable, les sarcasmes de certains policiers renforcent sa honte, les plus crétins lui reprochent son imprudence ! Elle redoute d'être dirigée vers un refuge où elle est, là aussi, en péril : à cause du refuge même, ou parce qu'elle a été suivie par ceux qui la menacent.

Si elle le décide, c'est longtemps après les faits, au bout du rouleau, à condition d'être encore à peu près en vie... Et franchement, à quoi ça sert de se plaindre si on est moins que rien, si on croit mériter les coups et les humiliations ? Comment décrire le massacre, les souffles alcoolisés, les yeux globuleux, les sexes ravageurs ? Une démarche douloureuse, quasiment inutile. Une femme abusée dans la rue, terrorisée, peut à peine reconnaître une voix, un visage, parfois un prénom au milieu des cris, si toutefois sa mémoire est encore « valide » après qu'ils ont déboulé en bande pour régler leurs comptes et leurs frustrations.

Le sexe dit « fort » doit encore et toujours le prouver, et pourtant la violence est aussi un aveu de faiblesse. Elle met souvent au jour celles que l'on a subies – un retour du refoulé, comme disent les psys. Les hommes qui ont le courage de cette introspection se remettent en question, peuvent arrêter la spirale de cruauté – ils sont rares à l'avouer, ils font exception, mais ils existent. Et puis qui dénoncer ? Comment les retrouver ? Les plaintes restent lettre morte, affaires classées, les délinquants disparaissent dans la nature, ou plutôt dans d'autres quartiers. Si une plainte est prise en compte, il faut enclencher des procédures pour rattraper d'éventuels coupables, trouver des avocats acceptant de défendre gratuitement un dossier perdu d'avance. Parce que la loi est ainsi faite : la justice prend le relais de la police en cas de poursuite, une manière efficace de décourager les femmes qui souhaitent sortir de l'enfer en leur mettant toutes sortes de bâtons dans les roues.

Et les psys des urgences ? C'est sûr, il y en a, encore faut-il être en état de leur parler, de rassembler ses idées, d'oublier son corps pour se concentrer sur ce que l'on veut dire. J'en ai rencontré, des jolies, des moches, des je-sais-tout-de-vous, des jargonneuses, des impassibles, des compatissants, des pleureuses même, dans le genre je-vais-vous-sauver-pauvre-petite, des comiques qui veulent briser la glace, des administratifs qui me donnent des rendez-vous dans les services psys des hôpitaux, auxquels évidemment je ne me rends jamais. Ils sont sûrement compétents, mais leurs grilles de lecture n'ont pas été élaborées dans la rue. Et je suis trop sauvage et agressive, pleine de la violence des autres. Impossible de communiquer, les psys posent trop de questions, je hurle pour rester seule ou je balance tout et je me sauve !

Qui sait que la moindre démarche administrative est insurmontable lorsqu'on vit dans la rue ? Si l'on y est, c'est parce que tout est perdu, le passé végète dans les limbes de la mémoire. Pas de quittance de loyer, pas de livret de famille, pas d'avis d'imposition, des papiers d'identité volés ou égarés. Rien qui fasse le miel des guichets à paperasserie, rien qui justifie notre appartenance à un groupe, une famille. L'être est dilué dans la nébuleuse SDF, l'avoir n'existe pas. Tout se vole, tout se troque, tout est permis, même de chaparder les papiers d'identité d'un mort. Oui, je l'ai vu faire, par un homme hébété qui passait près d'un autre homme allongé, mort, sans doute après une bagarre, à l'entrée d'un parking. Il a fouillé les poches du cadavre, il a pris les papiers, il m'a demandé de me taire, il était au bout du rouleau et voulait se rendre aux urgences de l'hôpital. C'est comme à la guerre, on perd le sens des réalités. Les femmes qui ont des enfants craignent qu'on les leur enlève, celles qui n'en ont pas sont traquées par ceux qui les agressent et les engrossent pour quelques centimètres de goudron. On les traite de putes, elles le deviennent, on leur tend une main, elles la repoussent et frappent l'autre.

Les traumatismes s'enkystent, le temps passe. Il ne gomme rien, il estompe juste l'insoutenable. Ou bien s'habitue-t-on à l'insoutenable ? Mon instinct de survie, sans doute, m'aide à me remettre de cette horrible tournante, mais mon corps s'en souvient, les cicatrices le balafrent, les hématomes le rendent douloureux.

Même en écrivant ces lignes, tant d'années après, je somatise encore – larmes, hoquets, nausées, vomissements, fatigue intense.

Un auteur, Véronique Olmi, a écrit : « Le souffle de la nuit ne s'adresse pas aux gens sérieux, il vient visiter les crânes fracassés qui laissent passer les courants d'air. » Mes nuits, hachées de réveils terrorisés, m'empêchent de penser et panser mes maux physiques. J'entends des cris même quand il n'y en a pas, je vois des visages d'hommes grimaçants, des silhouettes agitées. Dans la journée, je souffre de crises d'angoisse, aspirée par l'effroi au moment où je m'y attends le moins. Je m'effondre comme un ballon qui se dégonfle, j'ai peur de tout, envie de rien. Je me recroqueville dans les Abribus pour ne pas m'écrouler dans la rue.

La violence appelle la violence. Et la parade pour l'affronter, c'est de posséder un cutter ou un couteau. J'ai ce qu'il faut, et ces armes blanches, je les garde encore dans un coin de mon appartement. Dans la rue, tout le monde en a pour se défendre, c'est comme dans la jungle, le danger peut surgir de nulle part. J'attaque, je griffe, je blesse, mes mots ne sont qu'insultes, je suis prête à tuer. Il m'arrive de me calmer pendant les maraudes, parce que je sais que l'on me porte secours, que ces bénévoles sont là pour m'aider et que je n'ai aucune raison de les agresser. Je consens aussi à parler aux psychologues, ils ne portent pas de blouse blanche, ils me font moins peur. Ils viennent à ma rencontre, essaient de m'apaiser. Certains distribuent des calmants, du Xanax notamment, qui me fait dormir. Mais je suis du coup moins vigilante, et cela renforce ma peur d'être agressée.

Le Xanax, c'est toute une histoire… D'autres SDF recherchent à tout prix ces pilules, alors me voici devenue dealeuse de comprimés. Devant les équipes d'assistance, en bonne tragédienne, je simule un grand état de détresse psychologique et je prends les pilules qu'on me propose. Ensuite, je les revends très cher aux copains errants. Très cher est relatif – de quoi me payer une ou deux baguettes de pain ou une tablette de chocolat. *Climax* de l'histoire – j'en ai honte aujourd'hui –, j'ai même harcelé une jeune fille de la Croix-Rouge à l'air assez fragile pour qu'elle me donne plusieurs boîtes de comprimés ; elle a eu peur ou pitié de moi, peu importe, mais je l'ai manipulée sans aucun scrupule. Alors oui, les uns dealent les centimètres de pavés, les autres des cigarettes ou du Subutex, moi, j'ai choisi le Xanax... Ni civisme ni morale. Pas de cadeau dans la rue, tout n'est que survie.

C'est à cette période que, malgré la dépression qui s'installe, je trouve des missions de secrétariat dans des agences d'intérim liées à des centres d'insertion. Quand je n'arrive plus à mendier, seuls ma bonne volonté et mon besoin de manger me poussent à travailler, même si cela demande autant de force que de faire la manche, sinon plus. Mais au moins, ma dignité est préservée dans un bureau. J'évite de m'installer quelque part où mes bourreaux pourraient me retrouver.

Pour être à peu près présentable et décrocher du boulot, j'écume les vestiaires gratuits et m'attife de vêtements noirs, démodés, aux doublures déchirées, parfois jaunis par leur ancienneté, mais que je crois adaptés à mes velléités professionnelles. Je me mords les lèvres pour faire croire que je mets du rouge, je pleure en me maquillant avec du khôl parce que j'y suis allergique. Et je vais jusqu'à couper très court mes cheveux hirsutes et infestés de poux, avec des ciseaux empruntés à une femme croisée dans les bains municipaux.

Et bien sûr, je refais mon *curriculum vitæ* en comblant les trous de mes années dans la rue. J'ignore même le terme « *curriculum vitæ* » pour être honnête, mais lors d'un passage dans une association de réinsertion, je découvre le plaisir de taper sur un clavier ; ces bénévoles me remettent le pied à l'étrier, je les quitte avec en poche un semblant de vie restructurée et beaucoup d'espoir...

Pourtant, certains recruteurs me rient au nez, d'autres me jettent un regard méprisant en pensant à la longue liste des candidatures en attente. Je les comprends, mais je m'accroche, moi aussi j'ai droit à une chance. Lorsque je finis par trouver un poste, que je m'y présente, contente et inquiète à la fois, espérant être à la hauteur de ma mission, je me heurte toujours, au bout de quelques jours, aux regards hostiles, aux remarques narquoises ou blessantes d'autres filles de l'équipe. Peu de sourires, peu de compassion, beaucoup de méfiance. La compassion ? Une vertu par laquelle on devrait percevoir la souffrance de l'autre, une attitude, un engagement qui pousse à l'aider. Rien à voir avec la pitié, qui, aussitôt éprouvée, nous détourne de l'autre. La compassion est le contraire du cynisme ambiant, on devrait tous s'en badigeonner et en colorer le monde.

J'ai peur des hommes, de leur proximité, de leurs mains, de leur odeur et de leur souffle. Cela me rend inapte à côtoyer un groupe humain. Mon corps est une forteresse. Mon cerveau, une montgolfière emplie d'air ou de feu. Je travaille mal à cause de mes trous de mémoire, je ne retiens pas les consignes données, je manque de concentration, et fatalement je commets des erreurs impardonnables. À force d'avoir été maltraitée, à force d'avoir eu peur et mal, je suis une boule d'émotions impossibles à contrôler. Mes traumatismes m'ont endommagée autant psychiquement que physiologiquement. À la moindre réflexion, j'ai du mal à cacher mes larmes ou ma panique. L'employée ingérable ! Il n'empêche, ces courts moments de réinsertion me procurent un peu d'argent et une place dans quelques foyers.

Celui-ci héberge des jeunes travailleurs, près du métro Glacière. J'ai droit à une petite chambre indépendante avec une douche et des toilettes communes. Grandiose, mon premier chez-moi depuis que j'ai quitté ma famille ! J'ai ma clé, un lit normal, une bouilloire, une bienfaisante sécurité et ma première boîte aux lettres. Encore aujourd'hui, j'ai l'impression d'avoir vécu dans un quatre étoiles.

Nous prenons tous nos repas dans un réfectoire, je m'y fais des copines. Ma colère intérieure s'apaise, pas l'instabilité de mon humeur. Les Africaines me plaisent, joyeuses malgré leurs déboires, elles m'apprennent à manger leurs plats exotiques avec les doigts et s'amusent de ma réaction au piment. Luisa, une jeune Italienne exubérante, me galvanise, elle me parle et me fait parler ; nous partageons des promenades dans le quartier, il nous arrive même de rire de notre situation. Pourtant, le week-end, après les semaines de travail plus que tendues, je redeviens loque et ne quitte pas mon lit ; j'ai besoin de dormir, et surtout, j'ai toujours mal à mon sexe.

Quelques bribes de nouvelles me parviennent de ma famille... Malgré tout ce qu'ils m'ont fait, ou plutôt ce qu'ils n'ont pas fait, j'éprouve le besoin de garder le contact, de les appeler de temps en temps, d'entendre la voix de mon père, celle de ma petite sœur. Je ne suis pas née de personne, je veux encore croire aux liens du sang, en espérer une consolation. Même les enfants maltraités continuent d'aimer leurs parents. J'en suis là, je ne veux pas me répudier moi-même. Sans doute suis-je encore cette petite fille qui criait sans qu'on l'entende. Si eux ne s'inquiètent pas de moi, je ne supporte pas de me faire oublier.

Ma tante est toujours au bord du divorce ; au téléphone, elle fait semblant de s'intéresser à moi. Ma mère ne me parle pas, et mon père veut croire que j'ai trouvé un équilibre, que tout va bien pour moi dans ce foyer. Disons que cela les arrange, chacun a remis ses œillères pour mieux s'engluer dans sa routine et mettre au repos sa conscience. S'ils savaient à quel point ma vie est précaire, que je cède aux demandes sexuelles des hommes qui rôdent près du foyer pour une part de pizza ou un CD de musique. Que je n'ai plus ni scrupule ni complexe, plus de morale, que je veux juste rester au chaud, le plus longtemps possible. Et profiter de l'insouciance de Luisa.

Ce jour-là, dans le métro, nous nous arrêtons devant un groupe composé de cinq musiciens latinos, habillés de leurs tenues traditionnelles. J'adhère tout de suite à cette musique que je ne connais pas. Luisa et moi les observons en riant. Ils sont mignons avec leurs ponchos mais semblent un peu perdus, celui qui joue de la flûte un peu plus que les autres, surtout quand il croise mon regard et perd le rythme. Nous continuons notre chemin, mais deux jours après, les yeux du flûtiste me perturbent encore. Je dois le retrouver.

Je retrouve enfin leur musique à la station Châtelet, je m'installe sur un escalier pour mieux les écouter. Il est là, imaginez la scène : nos regards se croisent, un petit cœur clignote entre nous, l'ange de l'amour flotte, sourires béats, yeux langoureux, la flèche de Cupidon perce mon cœur et je fonds de plaisir. Il m'envoie des notes de musique et des mots... Oui, je l'avoue, c'est mon côté fleur bleue, romantique, midinette, cœur d'artichaut ; je me rue avidement sur tout ce qui me fait vibrer, rêver, qui ressemble à une promesse d'amour. J'oublie ma peur des hommes et ma peur de vivre. Je tombe amoureuse pour la première fois. Pourquoi lui ? Je ne sais pas, mais je sens qu'il va me réconcilier avec l'amour, le vrai, celui qui ne blesse pas.

La musique s'arrête, les hommes remballent leurs instruments. J'aimerais approcher le flûtiste, mais je n'ose pas. Heureusement, c'est lui qui vient vers moi. Il me parle en espagnol, me demande ce que je fais là. J'apprends son prénom, Luis, il essaie de dire le mien, son accent nous fait rire. Ses amis nous rejoignent et se présentent, ils ont l'air gentils et inoffensifs. Je lui laisse le numéro de téléphone du foyer. Il me donne celui d'un copain. Il vit avec des Sud-Américains, dans une grande maison située dans la banlieue sud de Paris. Il n'ose pas me dire qu'il est sans domicile, sans famille, sans argent.

On se quitte, je suis sur un petit nuage, j'ai rencontré l'homme de ma vie et je sens qu'elle va basculer.

Notre premier rendez-vous amoureux a lieu dans un centre culturel latino-américain, dans une salle où il danse avec ses amis. Je me sens jolie, féminine, bien maquillée, bien coiffée, habillée d'une jupe pour mieux le séduire ; mais bon, je ne sais pas m'y prendre. Il ne se passe pas grand-chose, nous ne parlons pas la même langue, nous sommes très intimidés et peu fiers de notre vie. Une surprise m'attend la semaine suivante. Luis est sur les marches du foyer, pour moi, ou plutôt pour cette femme française idéale que je ne suis pas, que je n'ai jamais été. Qu'est-ce qu'il imagine ? Dans ses yeux je perçois une lueur d'admiration. Je me vois dans l'obligation de rectifier cette image, de lui raconter mes galères, mais j'enjolive le tableau en passant les viols sous silence. Il est évidemment étonné, touché.

Le centre où je vis n'accepte pas les visites, mais petit à petit on soudoie la gardienne avec des gâteaux, des sourires, des chocolats. Elle se laisse faire. Luis s'installe secrètement dans ma petite chambre. Problème, je ne sais pas faire l'amour, je ne connais que les rapports violents, contraints. Désirs et caresses me sont totalement étrangers. Luis découvre mon corps amoché, je pleure de honte, lui de surprise, mais peu à peu il m'apprend à aimer par la douceur. Pour la première fois de ma vie ce sentiment me donne des ailes, pour la première fois de toute ma vie je crie de plaisir.

Un petit bonheur n'arrive jamais seul, dit-on. Grâce à une association qui œuvre à la réinsertion, je dois remplacer une femme partie en congé de maternité. Je trouve enfin un emploi stable dans une banque internationale, près des Champs-Élysées. Quelle revanche sur la rue, quand je prends le temps de pique-niquer le midi au parc Monceau, au milieu d'enfants vêtus d'uniformes qui fréquentent les écoles huppées des alentours !

Cette situation me donne le tournis, mais quel plaisir de me souvenir que mon père est libraire, que ma famille est une famille éduquée, aisée, en dépit de tout le mal qu'elle m'a fait ! Oui, je sais lire, écrire, compter et penser. Je ne suis pas qu'un paquet de chair, un corps sale et abîmé, un cerveau que la violence a réduit en bouillie, au ras du macadam.

Le poste d'assistante est impressionnant dans ce milieu de la Bourse, des actions et des obligations. On me confie le secrétariat de cinq analystes financiers, un vrai défi. Mais je me sens mieux, plus stabilisée, plus confiante. Luis est là, l'amour existe…

En un mois j'apprends tout, le jargon, la réactivité, les techniques, les stratégies, je fais des heures supplémentaires pour observer, écouter, lire, parler avec les courtiers. Leur excitation permanente me fascine, ils évoluent à toute vitesse dans un monde parallèle dont je n'ai jamais soupçonné l'existence, ils sont si obsessionnels, si ancrés dans leur sphère qu'aucun ne me pose de questions sur ma vie. Ils n'en ont pas le temps, chaque minute vaut des milliers d'euros dans cette salle des marchés en folie.

Qu'il est loin mon trottoir ! Il a suffi d'un peu de tendresse, de quelques notes de flûte des Andes, et me voilà rassérénée, « casée » sous un toit avec Luis, entre les murs d'un petit appartement ; après une improbable rencontre dans le métro, là où j'ai fait la manche, là où je me suis souvent abritée pour me réchauffer. J'ai vite quitté mon foyer pour emménager avec lui. Passionnée par mon travail, je m'initie à l'anglais, à l'espagnol, au rythme trépidant de l'entreprise, aux échanges avec les collègues. Mes problèmes de mémoire s'atténuent, je me concentre assidûment sur les tâches à accomplir. Mieux : j'achète des vêtements neufs, du maquillage, des bijoux de pacotille, j'affiche sans complexe ma féminité, les hommes me regardent, certains me draguent. Je savoure leurs tentatives de séduction tout en restant de marbre. La roue de ma vie est en train de tourner.

À la maison, Luis s'occupe des courses, de la gestion du quotidien, du règlement du loyer. Mais quand je rentre le soir, je le trouve souvent entouré de ses copains, dispersés dans notre petit espace, tirant sur des joints et buvant sans scrupule. Il est heureux ? Moi aussi, mais cela ne suffit pas. J'aimerais qu'il travaille, qu'il ne se contente pas de ses maigres revenus de musicien. Mes années de galère sont encore en moi. Il comprend mes craintes et accepte un boulot de serveur.

Ma famille, encore elle ! Le point noir de ma nouvelle vie, de toute ma vie, même. Curieuse de ma réhabilitation professionnelle, elle rapplique. J'ai informé mon père de ma nouvelle situation, il en est si fier qu'il le clame visiblement haut et fort. Du coup, lui, sa sœur, ma mère et des cousins qui ne m'ont jamais « calculée » jusque-là envahissent mon espace, s'invitent à dormir chez moi, prétextent des visites de musées ou de salons. Une fois de plus, ma faiblesse pointe son nez : j'existe à leurs yeux, même si ce n'est qu'un leurre. Je les laisse s'installer sans oser la moindre remarque ; quand j'ai besoin d'air, c'est moi qui sors pour m'isoler au parc Monceau ou aux Batignolles. Le propriétaire ne tarde pas à me faire part des plaintes des voisins : les copains, la famille, trop de monde, trop de bruit, trop de musique. Comble de tout, il m'informe des loyers impayés, de toutes nos dettes accumulées.

Luis me donne des explications évasives, je ne comprends plus ses mensonges, je perds pied, habitée par un terrible pressentiment. J'ai pris du poids, je ne suis plus une secrétaire modèle et sympathique, la situation se dégrade aussi vite que mon moral. Le couperet tombe : licenciement pour faute grave, déclassement social, crises de larmes, avis d'expulsion de mon havre de paix. La bascule penche du mauvais côté, mon esprit vacille. Je vends des vêtements et tout ce qui se monnaye. Je craque chaque jour un peu plus. Luis aussi.

La bulle de bien-être est crevée, mon château de cartes est par terre.

Allô Papa, bobo ? Non, il ne peut pas m'avancer l'argent qui manque, il n'en a pas, et ma mère ne supporte toujours pas de m'aider. Mon frère non plus – lui n'a jamais cessé d'être con et cruel. Quand je l'appelle, il me rit au nez. J'ose lui téléphoner pourtant, il me doit bien du soutien, mais ma détresse, mes menaces de le dénoncer n'y font rien ; si je parle, il me réglera mon compte. Je les hais, je ne suis rien à leurs yeux ; tout est comme avant, comme toujours, ils se sont conduits comme des rapaces et moi comme une imbécile. Leur nouveau désamour me percute une fois de plus, Luis en pleure et me promet aide, dévotion, amour et sécurité. Nous gardons le sourire, nous sommes deux, nous sommes forts, rien ni personne ne peut nous séparer… Restons romantiques, vivons de mots, rien que de mots. Je dois hélas m'en contenter et affronter à nouveau la condition de sans domicile.

Nous passons deux nuits dans un hôtel miteux près de la gare de l'Est et mangeons dans une cantine chinoise qui sert des « repas à volonté ». C'est le début d'une longue et nouvelle descente aux enfers. À deux, nous pouvons nous serrer l'un contre l'autre, nous réchauffer de rêves et de caresses, mais la réalité est implacable, nos traumatismes nous reprennent par la main. Luis et moi embarqués dans la même galère, prompts à croire le premier qui nous promet un toit.

Comme cet homme qui nous oriente vers un immeuble désaffecté, transformé en établissement social, près des Buttes-Chaumont. La chambre exiguë est rongée par l'humidité, mais je suis encore obsédée par l'hygiène et l'eau courante, elle me convient. L'homme promet un job à Luis et propose de le présenter à son futur employeur.

Le soir tombe, Luis traîne sûrement avec ce type, je ne m'inquiète pas. Jusqu'au moment où le bruit d'une porte qu'on claque me réveille. Cinq hommes font irruption dans la chambre, ils me bâillonnent, m'attachent au lit avec des cordes. Non, pas encore ! Mais je ne me souviens de rien, tout va trop vite, impossible de savoir ce qu'ils m'ont fait, qui, avec quoi ou comment. Je tombe immédiatement en état de choc. J'avoue qu'au moment où j'écris ces lignes, cette absence de mémoire m'arrange. Je ne pourrais pas, je n'ai pas envie de raconter un viol de plus, je n'ai plus les mots, ce sont toujours les mêmes actes de barbarie qui se répètent, les mêmes sexes qui me lacèrent, seuls changent les protagonistes, leurs prénoms, leurs visages, leurs mains calleuses, leur langage, leur langue. Et puis je ne connais pas les bons mots, ceux qui déracinent les souffrances les plus profondes. Les mots-pansements, ce sont les autres qui peuvent les trouver, pas moi. J'ai cru naïvement que les déclarations de Luis cicatriseraient mes plaies. Mais non, elles suppurent encore, comme un bouton que l'on gratte au sang et qui ne part jamais.

Je réalise que Luis est rentré parce qu'il me lave, le sang et le sperme le font vomir, pleurer, hurler contre les fantômes de cette chambre. Nous devons nous sauver, trouver un autre abri. Les hommes postés à l'accueil nous regardent partir en éclatant de rire.

« Si tu tombes sept fois, relève-toi huit fois. »

Ce proverbe japonais préconise la persévérance, l'espoir, la force de rebondir. Pouce. Je ne peux plus, toutes mes ressources sont taries. Ma vie est une saloperie qui ne me laisse aucun répit. La rue est un enfer qui rend crédule, stupide, vulnérable. Le peuple de la rue souffre, les mafieux se vengent comme ils peuvent sur les femmes, ils boivent pour noyer la conscience de leurs actes, ils frappent pour ne pas mourir. L'errance exacerbe toute la violence humaine, les hommes transforment les femmes en objets sexuels qui doivent avant tout assouvir leur libido. Elles encaissent, elles s'effacent ; parce qu'elles donnent la vie, elles pensent qu'elles peuvent en jouir impunément. Mais non, en face, dans la rue, il y a des hommes dévorés par leurs démons, des animaux qui traînent sur les pavés.

Depuis cette nuit dans la chambre, aux Buttes-Chaumont, je suis incapable de sortir un son. De répondre à la sollicitude de mon ami, le prêtre de Saint-Germain-des-Prés : il nous autorise à rester sur le trottoir devant l'église, il nous donne à manger et me propose de donner des cours de français aux Latinos qui fréquentent sa paroisse. Impossible, je ne me sens pas digne de cette mission, je ne peux ni parler ni tenir debout très longtemps. Ma douleur est un tunnel interminable. Six mois sur les pavés de Saint-Germain-des-Prés. Six mois d'indignité absolue, de haine refoulée contre mon frère, contre mes parents et tous ces hommes qui mettent mon corps en miettes, sans même le regarder.

Il est malade, moi aussi. Il en crève, j'en crève, nous en crevons.

Vite, un peu de rêve.

Luis me demande en mariage. J'adore cette idée. Bien sûr que j'accepte ! Nous n'avons ni toit ni argent, pas de sécurité, rien de rien, mais au moins, nous formons un couple, un vrai. Et pour moi, c'est la première fois. Un homme me veut du bien, je n'ai rien à lui offrir mais il s'en fiche.

Je serai une Madame pour en finir avec mon passé et cette Mademoiselle en mille morceaux, pour prouver à mon frère qu'un homme peut m'aimer sans me violer, me désirer sans me forcer. Ma mère saura que j'ai pu trouver de la tendresse ailleurs, que même dans la pire des galères, on peut caresser l'espoir sans se noyer dans l'alcool. Mon père pensera que son amour m'a aidée... Ensemble, ils se gargariseront, diront qu'ils m'ont bien élevée, que tout va pour le mieux et qu'on peut enterrer le passé.

Une union officielle pour exister, porter un autre nom, l'inscrire sur des papiers sans en avoir honte, fonder ma propre famille, effacer celle d'origine. Envisager le droit à l'oubli. Est-ce possible ? Pas sûr, mais j'ai envie d'essayer. Il me reste quelques ressources intérieures, quelques ondes positives, l'amour de Luis les met au jour, je ne veux pas laisser passer cette chance.

Le problème ? Impossible de nous marier en France. Luis étant clandestin et sans papiers, notre demande est retoquée par toutes les mairies. Mon futur époux ne baisse pas les bras, nous nous marierons au Chili. Mon esprit de midinette s'emballe.

Vite, un peu d'air.

Luis reprend contact avec sa famille, l'une de ses sœurs lui offre un billet pour Santiago. Ils aimeraient le revoir, lui a besoin d'un peu de chaleur et de confort. Pour la première fois, mon père accepte, à coups de mensonges, de m'aider à financer une partie du voyage ; la famille de Luis complétera. En attendant le départ, nous continuons de dormir dans la rue, mais notre état d'esprit a changé, l'euphorie et l'impatience nous aident à tenir le coup.

Le jour du départ, je suis excitée comme une gamine sur le point de découvrir le cadeau dont elle a toujours rêvé. Je ne suis jamais allée dans un aéroport, alors imaginez ma panique dans ces grands halls vitrés. Pas de pavés, que du marbre, pas de supérette, que des marques de luxe. Et cette noria de voyageurs qui circulent dans tous les sens, ces villes du monde entier qui défilent sur les tableaux d'affichage. Un bazar chic et joyeux, une belle invitation au voyage. Les avions ne cessent de décoller ou d'atterrir, on les voit, on les entend à peine. Luis et moi sommes arrivés avec beaucoup d'avance pour ne surtout pas manquer le vol, pour trouver le bon comptoir d'enregistrement, la bonne porte d'embarquement et la bonne file pour la douane. Les hôtesses m'intimident, les policiers de la douane plus encore, avec leur visage impassible, leur méfiance professionnelle. J'ai l'impression de passer un examen, j'ai tellement peur qu'on nous refoule.

Nous y voilà. Dans l'avion, je découvre, par le hublot, l'étendue du ciel d'un bleu pur, essaimé de nuages effilochés. Je laisse libre court à mes fantasmes sur mon siège lorsque le commandant de bord nous annonce que nous traversons l'océan Atlantique, le Brésil, les nuages blancs, l'espace. Je vole, rien ne peut plus m'arriver. Pas de terre ferme, pas de bitume, que de l'air ! Je rêve, je pars me marier ! Sans la robe blanche évidemment, trop chère, mais avec un joli tailleur en lin bleu clair et j'espère beaucoup de sourires pour m'accompagner dans ce moment de bonheur, le premier de ma vie.

Quitter la rue, Paris, les trottoirs, les affreux souvenirs, la saleté, les regards de pitié, la faim, la soif. Abandonner mon néant quotidien pour une terre inconnue, une famille accueillante, j'ai hâte d'y être, de les connaître, de les aimer. Luis a dix frères et sœurs, son père s'est marié plusieurs fois. Il les énumère ; j'ai beau noter les prénoms, je sais que je ne les retiendrai pas tous. Le voyage est long bien sûr, nous dormons très peu, nous mangeons sur des plateaux, dans des raviers aussi petits que les ustensiles d'une dînette d'enfant, nous nous parlons par bribes, l'apaisement est évident, l'excitation aussi.

Santiago.

Un autre aéroport, plus petit, plus tropical. Une voiture nous attend, conduite par un cousin de Luis. Le ciel est plombé, la route est longue, nous traversons des zones arides, d'autres luxuriantes, des terrains vagues et quelques faubourgs pauvres aux cabanes de tôle ondulée. À notre arrivée devant la maison familiale, une meute d'enfants couleur caramel nous entoure, les plus petits nous sautent au cou. Ils sont magnifiques, ils cherchent à me prendre la main, curieux de voir et de toucher la Française.

Enfin on m'attend quelque part, ici je suis quelqu'un. Je n'ai jamais ressenti ce plaisir d'être regardée, reconnue, mon cœur cogne, j'ai un nœud dans la gorge. Et devinez quoi ? Je pleure. Je sens que je vais aimer ce pays et cette famille. Luis en embrasse quelques-uns, redécouvre ceux qui ont grandi, il est heureux. Moi aussi, parce que ici le mot « famille » a un sens, c'est la première fois que j'en vois une vraie, unie. Ils vivent et rient ensemble dans une joyeuse promiscuité, ils se chamaillent, mangent, boivent et parlent tous en même temps. Je ne sais plus trop qui est qui… Pourtant, il nous faut les quitter quelques jours plus tard, tout juste le temps de nous remettre du décalage horaire, de leur raconter les clichés parisiens, la tour Eiffel, l'Arc de triomphe et les grands magasins. Les frères et sœurs de Luis vivent correctement mais rêvent d'ailleurs ; ils partagent ce qu'ils ont, une partie de la famille est riche, l'autre pas.

Nous devons rejoindre en car la mère et une sœur de Luis dans une petite ville, plus au nord, Chañaral. Il est prévu que nous mettions ensemble une dernière main à l'organisation du mariage, censé durer plusieurs jours.

À Chañaral, Mirella, sa sœur, vit pauvrement avec sa petite fille et son mari dans une maisonnette blanche, poussiéreuse et étouffante. Il fait trop chaud dehors. Leur mère habite avec eux, elle est très malade mais ne s'en plaint pas, trop heureuse de revoir son fils prodigue. Elle le croit bien intégré dans la société française, elle en est fière et lui pose dix mille questions. Elle est si loin de la vérité ! Elle ne soupçonne pas du tout quelle peut être notre vie. Luis se garde bien de la contredire, nous jouons le jeu des Parisiens affairés, avouant tout juste que nous n'avons pas beaucoup d'argent. La mère de Luis est plus souvent allongée qu'assise, et son fils passe beaucoup de temps à son chevet. Elle se repose, prend des forces pour être en forme le jour de notre mariage.

La publication des bans dans le journal local fait de moi une curiosité : une Française de Paris qui épouse un Chilien du coin, dans la petite mairie d'architecture espagnole aux murs jaunes et aux balcons de bois. La courte cérémonie me submerge d'émotion, entourée d'une famille élargie par les nombreux voisins, inconnue mais chaleureuse, pauvre mais généreuse. Un mariage modeste, exotique, ma main dans celle de Luis, c'est ma bulle romantique, mon quart d'heure de célébrité à moi. Luis, le frère respecté, ma tenue en lin, les sourires sincères, le grand escalier en pierre à monter. Je n'y croyais plus, je ne l'ai même jamais espéré. J'aime l'homme qui est à mes côtés, il ne me veut aucun mal, mes parents sont absents, rien ne vient troubler ce moment de fête. Alors j'ai lâché prise pour danser jusqu'à l'épuisement avec mon mari avant qu'il ne soit trop soûl, avec quelques invités inconnus et les nombreux enfants. Commencer une nouvelle vie en dansant, joli présage.

Retour à Santiago. Luis ne m'accompagne pas, il reste auprès de sa mère et de Mirella. Je veux vivre à la chilienne, éloigner les années de galère, apprendre quelque chose de ce peuple pour revenir en France plus armée que je n'en suis partie. Mon goût des couleurs revient en force. Je ne peux pas travailler dans le pays, mais j'ai une envie folle d'entrer à l'école des beaux-arts. Les étrangers y sont rares, mais à force de baragouiner en espagnol et en anglais, aidée par un frère de Luis, je réussis à convaincre le directeur de m'ins-crire à un cours de peinture et de sculpture pour adultes.

Quel régal d'appartenir quelque temps à cette belle académie, d'entrer tous les jours dans l'imposante bâtisse, de répondre à la bienveillance par un sourire, d'aborder un monde imaginaire !

Quelle fierté d'échanger mes techniques contre les leurs ! Ils réalisent de jolies aquarelles, je leur explique qu'avec des couteaux de table, on peut travailler l'acrylique et la matière en relief pour faire de nouveaux mélanges. La sculpture de l'argile, le contact de l'eau me réconcilient avec mes mains calleuses, les caresses sur le matériau brut me rendent un peu confiance en moi et je redécouvre dans mes gestes une sensualité oubliée. Au fil des semaines, ces leçons collectives aboutissent à une exposition, intitulée « Les couteaux français ». Une consécration inespérée pour la « petite Française », et un diplôme d'enseignante décroché en dix-huit mois, le seul diplôme de ma vie, et tant pis si en France il n'a aucune valeur.

Deux ans de répit. Deux ans sans avoir peur, jamais. J'ai marché seule de jour comme de nuit, j'ai mangé à table sans que mes voisins convoitent mon assiette, j'ai appris l'espagnol, j'ai ri, j'ai rencontré des femmes coquettes, des hommes serviables et dormi dans un lit... Mes mains m'ont servi à créer et pas seulement à mendier. J'ai retrouvé les câlins des enfants et découvert que le monde est bien plus grand que je ne l'imaginais.

Une parenthèse enchantée, réparatrice.

Mais il faut rentrer à Paris, mon visa de tourisme a expiré, il ne peut plus être renouvelé. Le mariage ne change rien à l'affaire, désormais, au pays de Luis, c'est moi la clandestine. Je dois éviter les contrôles policiers, ce serait un comble de finir en prison au fin fond de l'Amérique du Sud. L'angoisse monte, Luis ne sait pas s'il veut quitter son Chili, il hésite, je panique... Paris, pour quoi faire ? Où aller ? Après maintes discussions, il accepte enfin de me suivre. Il m'aime, il n'a pas envie de me quitter. Ici, il n'y a pas de travail pour lui, encore moins pour moi, et il a encore des ambitions. Pourtant, impossible de nous résoudre à vivre au ras du sol, recoucher sur des bouts de carton, nous casser le dos sur les pavés, refaire la manche pour manger, dormir dans un dortoir collectif ou un hôtel miteux.

À deux ans de l'an 2000, le début d'un nouveau millénaire qui promet à la planète un immense bug, un monde connecté, nous reprenons l'avion, le bleu du ciel n'a pas changé, l'espace est toujours aussi fascinant, le survol de Paris avant l'atterrissage est magique.

J'ai confiance en Luis mais ma peur est plus forte. Tous mes tourments remontent à la surface, créent des turbulences.

Le bug de l'an 2000 sera pour moi.

Santiago-Auneuil. Je ne veux plus être SDF. Je suis comme une funambule, hantée par la chute. Quelques jours chez mes parents en guise de transition, et à contrecœur. Ils ont un toit, même au bord de la nausée, je tiens à en profiter. Luis essaie d'arrondir les angles et noue avec mon père une amitié virile qui m'amuse.

Rien ne change ici. Les mêmes meubles, les objets à leur place, les mêmes couleurs en plus délavées, cette odeur piquante qui imprègne l'atmosphère. Leur vie s'est figée un jour, ils ont laissé le monde tourner sans eux... Le climat y est toujours insupportable bien que mon frère n'y vive plus. Son absence est pourtant aussi prégnante que sa présence, sa silhouette traverse toujours le salon, l'escalier, ma chambre. Elle se pose sur mon lit, ouvre un livre, ses mains se baladent... Mon cerisier ne donne plus de cerises et mes copines sont parties grandir ailleurs ; le gentil voisin est ravi de me revoir.

La rancœur nous habite tous, si forte qu'entre deux silences nos rapports quotidiens tournent en conflits.

Ma mère est toujours aussi alcoolique, elle ne partage aucun de nos repas, mon père est dépressif, la maison hantée. Inutile d'insister, on ne s'éternise pas.

Retour à Paris où nous passons quelques nuits à l'hôtel, près de la gare de l'Est, pour retarder la chute vertigineuse.

Luis trouve une formation d'électricien, moi un poste de secrétaire intérimaire. Notre pécule ne couvre pas nos frais, il s'amenuise de jour en jour. Mauvais coup du sort, je suis obligée de démissionner, au bord de la crise de nerfs. Mon chef harcèle toutes les femmes du service. Encore un salaud qui veut coucher avec ses employées, sinon il les vire ! Je démissionne pour ne plus accepter ce genre de chantage. Cela me détruit tellement de lâcher ce travail que, rongée de stress, je tombe dans la rue sur un genou. Cassé pour la vie. Opération, prothèse, six mois d'immobilité.

Nous revoilà aux portes de l'enfer. Pas d'argent, pas de boulot, pas de toit. Juste un squat dans le XVIIᵉ arrondissement. Comment passer de l'école des beaux-arts de Santiago aux pavés de Paris en quelques semaines ? De la beauté tropicale à la laideur de l'errance ? De la toile blanche aux murs gris ? Comment enrayer ce cycle infernal, juguler mes traumatismes qui me rattrapent au moindre obstacle ? Cet acharnement m'humilie au plus haut point, il ravive cette mauvaise image de moi que je trimballe depuis tant d'années. Je suis une handicapée de la normalité, du bonheur et de la vie.

Luis et moi zonons séparément, nous nous aimons, nous nous accrochons l'un à l'autre comme à des bouées de sauvetage en haute mer. Et puis, pour prendre une bouffée d'air, nous faisons l'amour, en douceur, en tendresse, dans le métro la nuit, derrière des portes cochères, et surtout, nous ajoutons un peu de romanesque à notre galère. Un jeu de piste, la carte du Tendre de la rue. Notre nouveau lieu de prédilection pour nos ébats, les toits des immeubles. On les repère, on les cherche et on y grimpe à toute vitesse quand le désir impérieux nous emporte, entre ciel et terre.

Il n'empêche, au fil des jours, ma santé se détériore sérieusement. Je vomis beaucoup, je lutte en permanence contre le sommeil, jusqu'au soir où, lors d'une maraude, on me trouve inanimée sur le trottoir. Le Samu me transporte à l'hôpital. On me réhydrate par perfusion, on recense des maladies de peau importantes, d'anciennes traces de viol. Je ne me souviens de rien sinon de ces incessants vomissements, mon cerveau est verrouillé. Une infirmière intuitive décide de procéder à un test de grossesse.

Le choc. J'attends un bébé. Je suis effondrée. Vu mon état de santé alarmant et mes conditions de vie, les médecins me proposent un avortement. Je refuse. L'un d'entre eux me traite d'égoïste, il ne comprend rien. Luis hésite, il n'a rien à offrir à cet enfant. Je n'ai ni la force physique, ni l'état mental propices à une grossesse. Un enfant ne peut pas naître et grandir dans la rue, il a le droit à la santé, à l'éducation, à un environnement sain. Je suis catastrophée, je tergiverse. Après ce que j'ai subi dans ma propre enfance...

Non, je ne suis pas égoïste, je suis seulement paumée, j'attends une lueur d'espoir, d'où qu'elle vienne.

Au bout de quelques jours, je réalise que je porte une vie, après une dizaine de fausses couches ou d'avortements, jamais avoués à Luis, à personne – à part bien sûr aux bénévoles du Samu social ou de la Croix-Rouge qui procèdent régulièrement à des curetages sur de nombreuses femmes, sans jugement aucun, sans doute pour préserver leur dignité.

Je ne veux plus mourir, le bébé est bien accroché, il a donc envie de vivre. Il sera l'enfant du miracle, il me sortira de la rue en rompant le cycle de la fatalité. Un enfant, celui que je n'ai jamais été, je vais l'aimer, m'en faire aimer, et donc je vais m'aimer, c'est tout ce qui compte pour moi. Naïve ou totalement barrée (on dit d'ailleurs « à la rue » ?), je ne prends pas la mesure de l'événement. Élever un bébé dans la rue, une pure folie, sans médicaments, sans hygiène, sans boulot, sans sécurité sociale, sans vitamines et sans nourriture. Tant pis. Pour calmer mes nausées, je vole des comprimés à la grande pharmacie, près de la gare Saint-Lazare. Évidemment, on me chope… Garde à vue. Je ne donne pas mon nom, je ne dis rien, ils finissent par me relâcher.

Luis est dépassé par les événements et par l'alcool qu'il ingurgite avec ses compagnons d'infortune. Mon seul recours ? Mon ami le prêtre, à Saint-Germain-des-Prés. Toujours généreux, il me loge pendant deux nuits. Il ne peut guère faire mieux, sinon me procurer les cachets dont j'ai besoin et demander une aide à ses paroissiens. En vain. Personne ne donne le moindre centime, je dois repartir vers un squat vide, rue de Vaugirard, où je m'installe, enceinte de cinq mois. Je résiste aux agressions, j'insulte, je hurle quand on m'attaque, refoulant ainsi mon envie d'en finir avec ma vie. J'attends un enfant, je dois compter sur lui, avec lui, il devient ma raison de vivre à mesure que mon ventre s'arrondit. Une assistante sociale, plus sociale que les autres, me donne une carte de téléphone, des Tickets-Restaurant, une domiciliation – je dois être en règle pour la naissance du bébé, manger ou boire des produits laitiers, trouver l'endroit où accoucher. Je ne la contredis pas, mais pour moi, c'est tout vu, ce sera la rue ou le squat, je ne peux pas me présenter comme je suis, sale et meurtrie, dans une maternité.

Une femme médecin passe souvent sur mon bout de trottoir, elle me regarde sans oser m'aborder. Un jour de chance, elle s'arrête, constate ma grossesse, prend ma main, pose quelques questions et me propose un suivi régulier. Sa douceur a raison de ma méfiance. C'est une femme d'une soixantaine d'années, des yeux bleus couleur de l'océan, des cheveux gris et longs, élégante et toujours en pantalon. On sent chez elle de l'instruction et un air un peu baroudeur, rien ne semble l'effrayer. Ni moi ni mon trottoir. Je décide, pour mon bébé, de la suivre dans son cabinet, situé au fond d'une cour. Une cour pleine d'arbres, nichée entre un fleuriste et un marchand de fruits, cela sent bon. Une grande salle d'attente qu'elle partage avec deux autres généralistes et un dermatologue. Elle me raconte revenir d'un voyage en Asie, elle aime s'impliquer dans l'humanitaire. Mais elle pense qu'à Paris, il y a autant de travail qu'au fond de l'Afrique. Je ne la contredirai pas. Elle m'examine sous toutes les coutures, je m'abandonne à ses mains avec appréhension, j'ai honte de mon corps. Elle me rassure, elle en a vu d'autres... Cicatrices, brûlures de cigarettes, infections en tous genres, de l'eczéma partout. Et côté gynécologique, « c'est Tchernobyl », elle en perd ses mots. Alors elle liste tout ce qu'il faut faire, me demande des prises de sang, m'envoie à l'hôpital Bichat pour un bilan complet. Je sais que je suis anémiée. Elle me prescrit du calcium et des vitamines pour l'enfant. Elle m'achète de la viande et m'oblige à la manger devant elle, pour être sûre que je ne la revendrai pas...

Elle est formidable, providentielle ; elle devient essentielle. Elle me recevra régulièrement dans son cabinet et c'est elle qui vaccinera mon enfant, plus tard, à partir de trois ans, pour que je puisse l'inscrire à l'école. Puis elle repartira en Afrique, non sans m'avoir confiée à sa remplaçante, aussi douce qu'elle. De temps en temps, on se recroise dans le quartier, elle est fière de moi et n'omet jamais de me demander des nouvelles de mes fils. Ses yeux pétillent toujours. La revoir me rend heureuse, nous savons toutes les deux que je reviens de loin, pas besoin de mots. Sa remplaçante m'accueille à chaque crise d'angoisse, sans jugement mais avec un sourire sécurisant et apaisant. Nous avons su créer un climat de confiance, elle est ma psychologue, ma gynécologue, ma dermatologue... La seule à avoir accès à mon corps assassiné.

Au squat, l'ambiance est affreuse, les quelques femmes présentes sont hystériques, bourrées, infernales. Elles me traitent de conne, d'idiote, me reprochent mon inconscience, mon refus d'avorter. Tout ce que j'entreprends est voué à l'échec et j'ose envisager d'être mère, de me mettre un boulet de plus au pied ? Je m'accroche à la vie, mais elle, ne veut pas de moi. Leur constat est cruel, cependant elles ont raison, je suis aux confins de la folie. J'ai froid, j'ai faim, je ne peux pas soigner ma bronchite, mon ventre est énorme, le bébé bouge tout le temps.

Et pourtant, dans ce marasme, comme toutes les futures mères, je pense secrètement à l'enfant. Je l'imagine beau, à la peau douce, objet d'amour et de tendresse. Il me demandera des sourires et des câlins, j'en ai tellement à revendre. Elle m'en prodiguera comme je n'en ai jamais reçu, et je les lui rendrai au centuple.

Fille, garçon, quelle importance !

Je suis sous le pont de Notre-Dame, au cœur de Paris, les contractions sont de plus en plus fortes, je me tords de douleur. Je n'ose pas crier, je suis seule, Luis est peut-être dans le métro en train de faire résonner sa flûte. Des passants effarés s'approchent de moi, appellent les pompiers. En douceur, ils me hissent sur leur civière et me conduisent à l'hôpital.

– Hop, hop ! On pousse encore un peu... Allez, allez-y ! Oui...

J'accouche aussitôt installée en salle de naissance.

C'est un garçon. Quel destin ! Il a pointé le bout de sa vie sur le trottoir, dans le froid de décembre, le mois du Père Noël. Ni berceau ni fée avec baguette magique et scintillante pour l'accueillir. Des blouses bleues, blanches ou vertes, une mère dépenaillée. On s'en fout, ce bébé est magnifique, il entrouvre les yeux, nos premiers regards nous lient à tout jamais.

Je m'endors très vite, je n'ai pas de prénom pour lui.

Luis me retrouve à l'hôpital, content, inquiet, tourne-boulé. On se parle à peine. Il pleure, lui non plus n'est pas fixé sur un prénom. C'est le moment, non ? On aimerait nommer le petit Elias, et puis non, ce sera Eliott, en hommage à l'un des pompiers qui m'a ramassée sur le bitume, un médecin d'une grande douceur. Finalement, ce petit gavroche aura deux prénoms, Eliott et Elias.

Je profite de cette semaine au chaud pour manger trois à quatre repas par jour, dormir dans un bon lit, me doucher et me faire dorloter par les infirmières. Contempler mon bébé, l'allaiter quand il a faim. Il est à moi, je suis maman. Je veux comprendre ce que c'est qu'être mère, ce que ça fait d'en avoir une, aimante, attentive, protectrice. Promis, je ne le quitterai pas des yeux, je ne boirai pas de rosé, je n'aurai pas de migraine, j'entendrai ses cris, je soignerai les bleus de son corps et de son âme, je serai exemplaire.

Problème : même à l'hôpital, je suis une femme à la rue, une mère clandestine. Je réponds aux questions sur mon enfance que les sages-femmes estiment importantes à poser pour l'histoire à venir de mon fils, mais j'esquive toutes celles soulevées par les traces de coups sur mon corps. J'avoue l'inceste, la fuite à ma majorité, le repli pathologique de ma mère, les liens avec mon père, mais je fais gaffe à ce que je dis, d'autant que mon numéro de sécurité sociale est totalement inventé puisque je n'existe plus pour les administrations. Les infirmières découvrent mon stratagème au moment de la présentation à la Protection maternelle et infantile. Elles sont ahuries, elles veulent m'enlever le petit pour le placer, le mettre en sécurité. Jamais de la vie, jamais ! Elles font leur boulot, peut-être, mais elles sont folles, c'est mon fils ! Je frôle l'hystérie. Je me sauve en cachant l'enfant sous mon manteau.

Dehors, on me croit obèse, on se moque de moi, je m'en fiche, je suis la seule à savoir que sous mon manteau noir, j'ai un trésor recroquevillé dans le porte-bébé que j'ai récupéré dans une poubelle. Mon plus beau secret.

Je change souvent d'emplacement pour ne pas me faire repérer. Sous un pont, près du Grand Palais, je me réfugie auprès d'un homme un peu fou, alcoolique. Il parle tout seul, toujours au bord de tomber dans la Seine. Il accepte que je me pose près de lui avec mon fils. Il ne le voit pas, personne ne doit voir Eliott, il est toujours contre moi, je l'écrase un peu en dormant mais tant pis, je sais qu'ainsi, je suis prête à décamper à la moindre alerte, sans avoir à le préparer. Son père a le droit de le prendre dans ses bras quand on se pose dans un squat, mais jamais dans la rue. La dyade mère-enfant existe, elle est animale, euphorisante, je la vis pleinement, envers et contre tout. Je panique à l'idée qu'on me l'arrache, qu'on me dénonce ou qu'on lui fasse du mal. « Chut Eliott, tais-toi Eliott ! » Je l'empêche de gazouiller, je lui ferme la bouche, et lui, sans doute doté d'un sixième sens, ne pleure pas, ne crie pas, seuls ses yeux sourient. De son côté, Luis fait la manche, essaie de trouver de la nourriture, nous emmène dans des endroits chauds.

Grâce à une autre maman qui vit dans la rue avec ses trois enfants après avoir été férocement battue par son mari, je rejoins une association où l'on m'assure une douche, la toilette du bébé, du lait gratuit, des couches et des couvertures. Je prends de temps en temps du lait en poudre, bien que dans la rue la préparation d'un biberon ne soit guère facile. Je préfère allaiter mon fils, même si mes seins, dans un piteux état, pleins de crevasses, me font très mal. Le médecin me donne des crèmes pour apaiser les douleurs, du coup Eliott profitera de l'allaitement pendant près de trois ans. Certes, mon hygiène laisse à désirer, la sienne aussi, mais je crois bien que cette crasse de la rue l'a immunisé contre bien des maladies.

L'un des bénévoles de l'association me propose de laisser le petit avec les animatrices pour chercher du travail. Mais quel travail ? Je ne sais plus rien faire, je ne retiens plus rien, tout est cassé en moi, ça se voit, non ? Regardez ma peau, mes cheveux, mon poids, mes mains sales, mes pieds, c'est moche tout ça. Quel employeur oserait m'embaucher ? Une autre me conseille de faire des ménages, d'acheter quelques vêtements présentables, bref, d'inspirer le respect, de me respecter moi-même. C'est gentil, mais je ne suis pas sûre qu'elle réalise l'état dans lequel je suis… Quand on n'a jamais été respectée, ce mot n'est qu'une coquille vide. Pourtant, ces formules banales, à peine consolatrices, font leur chemin dans mon esprit.

J'en ai marre de ressembler à un sac-poubelle, d'avoir le sexe en feu à cause des MST persistantes. Marre de n'être personne, marre d'être l'invisible qui cache un autre invisible... Je dois rentrer dans le rang. J'ai voulu garder cet enfant, à moi d'être à la hauteur de l'enjeu, une femme digne, une mère poule et, qui sait, une épouse modèle. Quel vœu pieux !

La fin d'après-midi est sombre, grise, humide. La faible lumière du jour n'atteint pas notre place dans le squat. Des hurlements stridents nous parviennent et secouent notre léthargie. Répercutés par l'écho à tous les étages. Ils nous terrorisent. Luis et moi changeons de place, nous nous serrons l'un contre l'autre à en étouffer le petit.

Ils approchent, leurs baskets couinent sur le parquet collant. Une horde se plante devant nous. Ils sont huit ou neuf voyous, des grands, des petits, des Noirs et des Blancs. Ils approchent de notre emplacement, armés de leurs couteaux et de leur haine.

Ils attrapent Eliott, âgé d'à peine un an, et le posent en face de nous avant de violer Luis, à tour de rôle. Je ne peux rien faire. Hurler, frapper pour essayer d'atteindre mon fils. Ils m'en empêchent à coups de gifles puis s'en prennent à moi, un viol sans fin. Des lacérations au couteau sur mon ventre, mes bras, mes cuisses. Seins brûlés, dents qui giclent, dos griffé au sang. Eliott assiste au massacre, il pleure à la mort comme un animal blessé. Rien n'arrête ces salauds, rien, pas même l'effroi et la détresse d'un bébé.

Leurs cris couvrent les nôtres, leurs corps écrasent les nôtres. La virée de la haine. Tout est allé très vite, comme le plus sauvage des crimes. Ils s'enfuient en courant, nous laissent en état de choc, dans un outre-monde.

Les autres squatteurs eux aussi sont tétanisés. Personne pour venir à notre secours et repousser ce commando de barbares. Le silence est le cri des femmes attaquées dans la rue. Plus elles subissent d'agressions, plus elles se taisent. Qui oserait porter plainte contre ceux qui sont capables de tuer ? Qui peut se cacher sur les pavés ?

Luis est resté prostré pendant une semaine. La tête enfouie dans ses bras, le corps perclus de douleur, l'esprit en bouillie. Moi, je ne pense plus à manger ou à boire, j'ai la haine, je me force à tenir debout le lendemain et les autres jours pour atteindre le square, laver le petit, me récurer encore et encore après cette boucherie, rapporter un linge mouillé et nettoyer les plaies de Luis. Mon enfant crie de terreur à ma vue, il ne me reconnaît que si je le touche, et moi, je lui ordonne de se taire. Il tombe à son tour dans le silence.

Ce n'est que trois jours plus tard que j'ose me rendre dans une association. À l'écoute de mon témoignage, les bénévoles pleurent, certaines se détournent, c'est insoutenable. L'une d'entre elles me parle comme si j'étais débile, elle me conseille de ne pas approcher les hommes. Au secours, elle ne comprend rien, comme si j'allais quémander un viol ! Heureusement, une autre, plus jeune, m'emmène aux urgences. Je saigne encore. Dans la salle d'attente, les gens s'écartent de moi, ma silhouette, mon apparence physique les effraient, ils ont peur d'attraper des poux, des puces, de la misère.

Mais non, la misère ne s'attrape pas et le viol n'est pas contagieux ! Du côté des délinquants, oui, certainement, pas de celui des victimes.

Les lésions de mon vagin me torturent, on me fait des points de suture, on me propose, à moyen terme, une reconstruction vaginale et anale. Ça existe ? Oui, on peut réparer les femmes, on peut tout faire aux femmes après coup, sauf les protéger des sauvages. Je n'échapperai sans doute pas à cette « reconstruction », mais j'attendrai… Je dois retrouver mon fils, mon mari, eux aussi vont mal.

Je ne veux pas porter plainte, je refuse que le médecin fasse un rapport sur le viol, ce n'est pas lui qui viendra à mon secours si la racaille, celle-là ou une autre, récidive et décide de me faire payer…

J'ai quand même rencontré des flics sympas, des médecins compréhensifs qui ont rendu « invisibles » les traces de viols sur leurs rapports pour me protéger des représailles. D'ailleurs, deux de mes violeurs précédents, poursuivis puis envolés, avaient mentionné dans leurs procès-verbaux vouloir se venger et me tuer.

En attendant, je ne suis plus rien, je ne veux plus rien, mon petit ange a faim. Je n'ai plus peur de mourir, j'ai peur de vivre.

Quelques semaines après la naissance d'Eliott, j'ai passé un coup de fil à mes parents pour annoncer l'arrivée de leur petit-fils. Je ne sais pas vraiment pourquoi j'ai fait cela, un reste de culpabilité sans doute, ou le besoin de partager l'existence de mon fils, toujours caché sous mon manteau...

Leur réponse ? Une belle indifférence. Je ne m'attendais certes pas à des cris de joie ou à des effusions, je n'avais pas particulièrement envie de les revoir, mais j'éprouvais le besoin de leur présenter mon fils, d'établir concrètement la filiation, si défaillante soit-elle. Après tout, je ne suis pas née dans la rue, ni de parents inconnus ! Juste une piqûre de rappel, pour leur signifier que la vie sans eux, c'est encore la vie. Plus besoin d'eux pour aimer et être aimée. Ma misère vaut bien la leur.

Évidemment, je n'ai rien dit de tout cela, évidemment, je me suis tue, espérant une fois de plus que le cours des choses changerait, qu'à cette occasion, ils exprimeraient des regrets. Mais non, rien. Je n'ai pas insisté.

Cependant, après l'agression, la rue est de plus en plus hostile. Seule, je survis, à deux, on tient le coup, avec un enfant à protéger, c'est tout bonnement intolérable. Comment rompre ce cycle infernal ? Je craque et demande finalement à mon père de nous accueillir quelques jours, histoire de reposer Eliott, de nous requinquer.

Je retourne à Auneuil, mon père accepte de m'y recevoir, il veut connaître son petit-fils. Je dors mal dans ma chambre de gamine où rien n'a bougé. Le même lit, cette scène de crime où tout a basculé, les mêmes meubles vieillots que je n'ai pas envie de décrire tant ils contiennent le néant de mon enfance. Les souvenirs s'y enkystent, ils me réveillent la nuit, comme si les murs résonnaient des horreurs subies. Ma mère refuse de nous nourrir, elle nous trouve « sales ». Mais qu'a-t-elle donc à la place du cœur ? Qui l'a brisée à ce point ? Je ne le saurai jamais. Et peut-être que je m'en fiche. Mon père fume sans discontinuer, il s'intéresse au petit, le prend dans ses bras, il essaie de construire avec lui un lien, bancal mais réel. Eliott marche à quatre pattes dans le jardin, tourne autour de mon cerisier, joue avec d'autres enfants chez une nourrice dont j'ai fait la connaissance et qui le garde de temps en temps pour me permettre de souffler.

Auneuil-Paris. Mes parents vivent confortablement, et moi, je suis encore sur le bitume. Merci maman, merci papa, comme dit la chanson. Je n'ai pas envie de chanter, j'enrage jour et nuit. Tout cela à cause du seul homme, un *sexual killer* qu'ils ont enfanté, qui a foutu ma vie en l'air pour sa seule jouissance sexuelle. Un malade jamais diagnostiqué, jamais traité, qui a toutes les apparences d'un homme tranquille.

À chaque retour sur les pavés, le choc est plus fort, ma colère se nourrit des rémanences de mon enfance, des bruits incessants de la circulation, de la laideur, de tout ce qui agresse. Il me manque un peu de silence, une palette de couleurs, une bulle de bien-être. La vie est une succession d'appétits et de renoncements. Je n'ai connu que les renoncements, alors parfois je rêve de la croquer, de trouver la paix en moi, de rêver à des moments douillets, d'avoir faim de jolies choses.

Je me console en tenant le petit dans mes bras ou quand Luis nous entoure de sa gentillesse, de ses larmes, de ses peurs. Les séquelles psychologiques de son viol perdurent, il résiste grâce au travail et à quelques beuveries, mais il s'occupe quand même de nous, dans la mesure de ses moyens. Deux âmes sœurs, deux êtres désespérés qui s'accrochent à leur enfant, l'investissent de mille espoirs et fondent de tendresse quand ils le voient agripper une petite barrière et faire ses premiers pas au square des Batignolles.

Mon fils marche, il est superbe ! Il sera un homme debout. Je n'aurai plus à le porter contre moi jour et nuit. En cas de problème, on pourra courir en se tenant la main… Eliott se développe physiquement, mais une éducation en bonne et due forme n'est pas envisageable. Comment lui inculquer des règles de conduite ? Dans une maison, il aurait ses repères, ses jouets pour lui raconter son passé, ériger son présent, entamer un dialogue avec ses peluches, ses dinosaures ou ses petites figurines. En jouant, il aurait tout loisir d'imaginer sa vie de héros, d'être au monde, d'établir son rapport aux autres, d'exprimer ses peurs. On ne m'a jamais raconté de contes pour enfants, je n'ai donc pas le réflexe de le bercer avec des histoires. Ce n'est pas la sorcière ni le grand méchant loup qui m'ont fait peur, c'est la vie, la vraie.

Dans la rue, les repères se brouillent, l'histoire de chacun appartient à tout le monde. Eliott n'a rien pour fonder la sienne, elle se confond avec la nôtre. Je ne sais même pas s'il rêve pendant son sommeil agité. Il n'a que moi, qui tiens à peine debout, et son père, tout aussi abîmé. Comment lui apprendre à être propre, à dire « bonjour, merci, au revoir, s'il vous plaît » ? À qui dire merci ? À ceux qui prennent les femmes pour des réceptacles à jouissance, des exutoires de leur violence ? Aux autres paumés qui ne font que gémir ou se bagarrer ? À vous qui passez devant nous sans nous voir ? À ceux qui nous font l'aumône d'une pièce balancée sur notre bout de carton sans nous regarder, ou qui jettent un œil réprobateur sur cette pauvre-mère-qui exhibe-son-pauvre-enfant ? Non, Eliott, tu ne plais pas aux passants, tu les déranges : un enfant dans la rue, c'est inconcevable. Pourtant tu existes, même si tu n'as rien fait pour en arriver là. C'est moi la coupable, c'est ton oncle, tes grands-parents.

La survie reste notre seul moteur. Il faut manger, dormir, protéger, réchauffer, nettoyer et dompter sa peur. Luis parle à Eliott en espagnol, moi en français, la rue lui enseigne le langage de la violence, les gestes brusques, les rixes entre SDF, les coups qu'il a vus s'abattre sur nous. Toute cette cruauté imprime en lui une profonde tristesse que je remarque à peine tant je suis obnubilée par la nécessité de le nourrir et de le laver. Eliott grandit avec la trouille au ventre, comme sa mère. Il a du mal à esquisser un sourire. Il a vu les couteaux sortis, il a entendu nos cris, il s'est frotté à nos blessures. J'essaie de le rassurer et je redoute qu'un jour tout ce refoulé ressurgisse pour l'envahir lui aussi.

Heureusement, nos visites dans les locaux de l'association lui donnent l'occasion de rencontrer des gens normaux, de courir un peu, de découvrir des couleurs et toucher des matières plus douces. Là-bas, il est moins craintif, même s'il a beaucoup de mal à regarder qui que ce soit dans les yeux ; je l'ai tellement caché qu'il ne sait pas communiquer normalement. Pendant plusieurs mois, nous nous réfugions dans ce centre d'accueil, parfois nous repartons avec Luis chez mes parents, pour une courte pause. Puisqu'ils ne me donnent rien, je prends : un toit pour mon fils, un bout de jardin pour qu'il n'aille plus s'écorcher les genoux sur les pavés.

Nous tenons quelques années à ce rythme. L'avenir nous échappe, le mieux-être n'est toujours pas au rendez-vous, entre les hivers trop durs et toute l'énergie de mon désespoir déployée pour survivre. Je suis une mère indigne, déchue, dans l'enfer de la rue. Mais je reste une mère débordante d'amour.

Camoufler Eliott, rejoindre Luis pour poser ma tête sur son épaule. Chaque matin recommencer l'impossible quête, supporter ce corps trop lourd, cette peau abîmée, ce cerveau embrumé, cet enfant auquel je n'offre ni horizon ni avenir. Le paradoxe s'installe, la faim, la grossesse, les traumatismes accumulés me font grossir, je fais des crises de boulimie, je mange tout et n'importe quoi. J'atteins cent trente-cinq kilos accumulés pendant toutes ces années d'errance et qui me forgent une carapace. À force de malbouffe, j'enfle... Dans une vie normale, les grosses sont mal vues, moquées, méprisées ; alors imaginez dans la rue, elles ne sont qu'un sac de graisse, un punching-ball contre lequel viennent cogner les mauvais regards, toutes les rancœurs et les frustrations.

Je suis à nouveau enceinte ! Trop compliqué de penser à la contraception dans la rue. Mission quasiment impossible. D'abord, j'ai toujours autant de mal à montrer mon corps à un médecin ; ensuite, il faut y penser chaque jour, trouver de l'eau pour prendre la pilule. Une IVG ? Pour les autres, pas pour moi, ça coûte de l'argent, il faut révéler son identité, se justifier, expliquer, raconter… Comme deux ans auparavant, je balance entre le même désir de réparation, la même joie, et la peur de ne pas être à la hauteur. Et comme deux ans plus tôt, je décide de garder le bébé, bien que toujours effrayée par la perspective de vivre dans un foyer, de me faire enlever les enfants, d'être séparée de Luis, de mourir sur un trottoir sous les yeux des gosses…

Je ne sais plus, mais alors plus du tout, où j'en suis.

Mais j'ai de la chance. Je retrouve par hasard la femme médecin qui m'a aidée pendant la grossesse d'Eliott. Malgré sa gentillesse discrète, elle peine à cacher son étonnement et me propose, une fois de plus, de suivre cette seconde maternité.

S'il existe une loi des séries dans le malheur, les petits bonheurs s'enchaînent aussi… Le destin met une autre femme sur mon chemin, l'assistante sociale d'un foyer où je passe de temps en temps. Elle n'hésite pas une seconde, ne s'encombre d'aucun couplet moralisateur et déclenche immédiatement une procédure d'urgence à la Mairie de Paris, laquelle, en une semaine, nous attribue un logement social. Quel cadeau ! C'est avec mon père, la première personne à qui j'annonce la bonne nouvelle et qui doit se porter garant pour la location, que j'effectue la visite de l'appartement. C'est lui qui me pousse à l'accepter malgré son état délabré. Pas question de faire la fine bouche. Eliott a presque trois ans, je l'allaite encore, mais il commence à parler fort, à s'agiter comme tous les petits garçons de son âge. Rester invisible avec lui dans la rue est de plus en plus compliqué.

Ouf ! Nous allons souffler, avoir un chez-nous. Ce trois pièces parisien est vétuste, froid, infesté de cafards. Peu importe, tout est mieux que le bitume sur lequel pullulent des milliers de bestioles à peine visibles, mais bien plus nuisibles.

Il nous a fallu beaucoup de temps pour penser à « rentrer à la maison » après une journée à faire la manche. Quel plaisir de fermer la fenêtre qui donne sur la rue, puis de regarder cette dernière de haut sans avoir à s'y vautrer ! Ne plus courir pour se protéger de la pluie, ne plus dormir à ciel ouvert. En finir avec l'agression sonore qui met les nerfs en boule. Être dedans et se dire qu'on sort pour être dehors. Poser les armes, abaisser le seuil de vigilance, fermer la porte à l'angoisse.

Pourtant, nous vivons encore au jour le jour, nous mangeons dans les Restos du cœur ou dans des soupes populaires. Le petit dort près de nous, par terre sur une couverture, nous sur un vieux matelas ; les deux autres chambres restent vides. Ce n'est pas nous qui investissons l'espace, c'est l'espace qui nous recouvre… L'habitude de rester groupés dans un tout petit carré de trottoir, sans doute. Nous passons plusieurs semaines sans nous meubler, jusqu'à ce que la caisse d'allocations familiales nous accorde un peu de crédit pour acheter des lits et une cuisinière. À cette occasion, je découvre que j'ai droit à des aides de l'État pour élever mon enfant et assurer la naissance du prochain. Personne ne me l'avait dit. Normal, j'étais hors jeu, ailleurs, sur une planète sans foi ni loi, dans cette rue que tout le monde foule à tout instant et que le maillage social n'atteint pas.

Par un très heureux hasard, le médecin qui m'a suivie pendant ma grossesse a son cabinet en bas de mon HLM. Je le répète, cette femme est vraiment providentielle, elle est l'un de mes anges gardiens. Que ne l'ai-je rencontrée dans mon petit village, quand tout a commencé ? Son voisinage est précieux, elle devient ma première psy. À la fois douce et ferme, elle met parfois dans ses mots une sorte de brusquerie, aussitôt contredite par son regard bleu empathique.

Avec elle, je commence à déposer mes « valises ». Elle m'apprend à raconter sans être bridée par la honte. C'est elle qui me parle pour la première fois de mon état de victime. Je ne suis pas responsable de ma déchéance. Mon frère en est la seule cause. Elle me dit :

– Pleure un bon coup, écris, peins, mais lève-toi ! Tout est fini, la boucle est bouclée. Maintenant, il faut réparer. Et ça va être un long chemin.

Pendant des années, elle est restée mon phare, mon seul repère médical et humain. Quand je vais mal, à la limite de l'asphyxie du fait de mes angoisses, elle me demande de rester assise tranquillement dans sa salle d'attente, et enchaîne ses consultations tout en gardant un œil sur moi. J'accepte enfin une aide, comme un animal blessé qui se met dans un coin en quête d'une miette d'amour et de calme. Elle sait pourtant que notre lien est fragile, que je risque de m'enfuir à tout instant, comme un détenu en cavale. Mais ça marche et je m'apaise.

Elle décide donc de m'orienter vers un psychologue, qui exerce dans un hôpital. La partie de l'établissement dédiée à la psychiatrie est un bâtiment bordé par un jardin, petit refuge verdoyant avec des bancs et une machine à café. Cet espace, somme toute banal, me semble accueillant et cela apaise ma hantise d'être enfermée, d'être cataloguée comme folle.

La prise de rendez-vous a déjà été une épreuve.

– Allô, bonjour, voilà, je vais mal, j'ai besoin de rencontrer un psychiatre.

Cette phrase, répétée mille fois, je l'ai balbutiée d'une voix presque inaudible. Maintenant je dois me présenter devant une infirmière, rougir de honte, lutter contre l'envie de fuir, bafouiller mes symptômes, parler de moi, accepter d'être malade, malade de ma vie, malade de ces gens qui m'ont mise au monde, de ceux qui m'ont agressée. Malade tout court, tant mon moi tout entier s'est ratatiné sur le trottoir. La thérapeute est de l'autre côté du bureau, dans un petit box. L'épreuve se complique.

– Oui, j'habite dans le quartier… Euh non, je ne me drogue pas aux anxiolytiques. Non, je ne bois pas, non, je ne fume pas… J'ai juste mon corps qui ne répond plus et un cerveau traumatisé.

– Si je suis enceinte ? Non, je ne vois pas le rapport…

Bien sûr, je mens, je ne suis pas venue à ce rendez-vous pour ma grossesse, mais pour trouver une aide psychologique… Ce n'est pas gagné.

– Mon poids ? Heu je ne sais pas...

Je lui donne finalement un chiffre.

– Oui, je sais, je pèse lourd...

– Mes dents ? Ah, non, il n'y en a plus beaucoup. Je suis là pour raconter, justement.

– Si j'ai des enfants ? Oui, un.

L'autre est perplexe. Je poursuis.

– Oui, c'est vrai qu'avec une mère folle, c'est pas facile.

L'autre est effarée.

– Mon objectif ? Me vacciner contre la peur des psys et trouver un peu d'espoir...

L'autre est glaciale.

Résultat : au bout d'une heure de questions formulées à l'emporte-pièce, elle refuse de me donner un rendez-vous tant que je n'ai pas rencontré un endocrinologue et un nutritionniste pour maigrir, car c'est sûrement la source de mes ennuis... Je ne connais pas le métier de psy, mais là, je suis stupéfaite. Écœurée !

Retour à la case départ, en pleurant de désespoir. Trop nulle pour me faire comprendre, trop moche pour être humaine. Trop malade pour me faire soigner par un seul médecin. On morcelle mon corps, on en fait un tableau Excel de pathologies diverses, alors que je ne cherche qu'à recoller les morceaux et me recentrer.

Quelques semaines plus tard, second essai. Je me prépare à aller dans un centre médico-psychologique où mon amie médecin a promis de m'accompagner. Toujours munie de ma fameuse recommandation, j'appelle pour avoir un rendez-vous.

Au téléphone, je réponds à nouveau à un interrogatoire en règle.

– Oui, on m'a violée. Qui ? Je ne sais pas...

– Pourquoi je veux un rendez-vous aussi longtemps après les faits ? Pour m'aider et essayer d'avoir une vie à peu près normale. Avant, je n'étais pas prête pour parler.

– Si je comprends que d'autres femmes violées plus récemment sont prioritaires ? Heu non, enfin... Oui, oui, je comprends.

– Très bien. Rendez-vous dans un mois avec une spécialiste des viols.

Je raccroche, vidée, laminée. Je me réfugie dans la salle d'attente de mon amie médecin. Mon cerveau ne répond plus après la difficulté du dialogue et l'incompréhension, la peur déclenchée par l'évocation des viols revient en force, elle me submerge. J'ai trop parlé pendant cette conversation téléphonique. Et je n'ai rien eu en retour, un peu comme si je m'étais adressée à une messagerie automatique : pour un attouchement, tapez 1, pour un viol récent, tapez 2, pour un viol ancien, tapez 3, sinon tapez étoile pour revenir au menu...

Je perds pied. Je repars m'occuper de mon fils, dans un état second. Chaque nuit est une lutte, je ne dors plus. Ce mois d'attente dure un siècle. Je redeviens sauvage, je ne vais plus au square avec Eliott. J'hésite une centaine de fois à annuler le rendez-vous.

173

Le jour tant attendu arrive. J'ai rendez-vous à midi, mais à neuf heures, je suis déjà devant la porte d'entrée. À fleur de peau malgré les antidépresseurs prescrits par mon amie médecin. Dehors, la pluie est glacée, pourtant je transpire à grosses gouttes. Je m'assois, me relève, je fais trois fois le tour du quartier. De quoi ai-je donc si peur ? D'une inconnue ? De devoir me livrer ? D'avoir tout effacé de ma mémoire ? Ai-je peur que les digues lâchent ? Que tout ressurgisse comme un geyser – les cris, le sang, les coups ? Trop de sexes, trop d'ombres gigantesques, trop de visages déformés par trop de rictus !

Je me présente enfin, à midi pile. Ravagée par les larmes, je donne mon nom et on m'oriente vers une salle d'attente rose saumon. Les gens ont l'air d'être ailleurs, regards fixes, corps immobiles. Ai-je la même physionomie hagarde ? On m'appelle, mes jambes ne répondent pas. J'ai envie de me cacher, je ne me sens pas à ma place. Allez, un effort, encore un. Je m'accroche, comme à une bouée de sauvetage.

Face à moi, une jeune femme d'à peine trente ans. C'est elle, la spécialiste du viol ? On la croirait sortie de la fac. Son visage est grave, imperturbable, pas même un sourire pour m'encourager.

Elle a un dossier administratif à remplir. Je réponds mécaniquement aux questions, lieu de naissance, âge, sexe, adresse, enfant, oui, mari, oui, je crois, et j'ai même une recommandation. Toujours impassible, elle me demande d'expliciter ma demande. Je prends sur moi, bute encore sur les mots, je raconte.

Elle écoute, prend des notes fébrilement, comme on écrit un jour d'examen ou comme on remplit un rapport urgent. Elle pose enfin son stylo, se masse la main droite. Pour la première fois elle me dévisage et me dit :

— Parfait, tout cela, madame ! Mais en quoi puis-je vous aider ? Vous avez atteint un tel niveau de souffrance sexuelle que je ne sais pas quoi vous dire. Je pense qu'ici, on ne pourra pas vous aider. Allez à l'hôpital, au service de psychiatrie. Merci. Au revoir, madame.

Retour à l'envoyeur. Je ne me cogne plus aux mots, je n'en ai plus. J'ai cru mal comprendre, mais non, j'ai lu dans son dossier « Réorientation vers Maison-Blanche ». Je sors du centre sans savoir où je vais. Envie de crier. Quel niveau de souffrance ? De quoi parle-t-elle ? On aurait le droit d'être aidé pour de petites souffrances, mais pas pour des grandes ? Mais c'est quoi, une petite souffrance sexuelle ? Un attouchement ? Un inceste ? Un frère ? Une bande de salauds ? Deux, trois ou dix mecs ? À partir de combien de viols est-on en grande souffrance ? Envie de frapper. Ma tête bourdonne, elle va exploser, j'ai du mal à respirer. La grande souffrance est humiliante. La connerie aussi. Je cours raconter l'entretien à mon amie. Elle appelle cette jeune psychiatre qui, à son grand désarroi, lui ressert les mêmes mots ; ils ne peuvent rien pour moi.

Luis trouve des petits jobs, il fait quelques provisions qui nous permettent de rester des jours entiers chez nous, sans sortir. Je cherche des vestiaires gratuits pour habiller Eliott, récupérer des draps, des serviettes de toilette et quelques vêtements de bébé en prévision de la nouvelle naissance. Il n'empêche, malgré mes efforts, j'ai beaucoup de mal à évoluer dans ces trois pièces, à les rendre habitables. L'argent manque, bien sûr, mais de plus, je ne me sens pas chez moi dans un appartement. Je n'en ai jamais eu ! C'est fou, à presque quarante ans ! Ma chambre de petite fille est si vite devenue celle de mes tortures que je n'ai jamais songé à la décorer à ma façon. Et habiter la rue, c'est évidemment entrer dans une autre dimension. Les objets n'ont plus aucun sens, ils sont volés, cassés ou rafistolés, ils deviennent détritus ; tout ce que l'on transporte est utilitaire, jetable, pourri. Pas de sentimentalisme. Pas de gri-gri, pas le moindre petit porte-clés qui évoque tel bon souvenir, aucun cadeau à préserver. À part mon doudou, cet insubmersible et vieux tigre en peluche, offert par mon père, que je pose avec une pointe de nostalgie dans un coin de notre chambre. Je l'ai si souvent glissé entre mon fils et moi pour nous protéger du froid !

Luis décide enfin de s'occuper de l'appartement. Aidé par ses amis, il pose du papier peint, rouge sur un mur, bleu sur un autre, des couleurs agressives, sans aucune harmonie. Je laisse faire, trop contente de voir colorier mon quotidien. Seul caprice de ma part, je peins une arche de Noé dans la chambre destinée aux enfants.

Mes parents me donnent de vieux meubles, la cuisine est constituée de choses trouvées ici ou là. Tout est parfaitement hétéroclite, dépareillé, comme des bouts de rêves incohérents, des morceaux de vie qui appartiennent à d'autres. Je fais les poubelles, je vole et glane dans les fins de marché, rien n'est acquis, rien n'est à moi. Tout est immonde, je le sais, mais je m'en fiche. Je ramasse des vieux matelas et des couvertures là où j'en trouve. L'heure n'est pas à l'esthétique. Ce n'est que plus tard que j'éprouverai un peu de plaisir en commençant une collection d'anges en porcelaine.

L'assistante sociale est désespérée de constater à quel point je maîtrise peu cette nouvelle situation. Mon amie médecin aussi s'inquiète, mon corps est un nid de microbes. J'ai des mycoses, des vers de peau, des mains de camionneuse, des bobos qui résistent aux antibiotiques et aux antidépresseurs. Eliott est mal en point, l'école le refuse puis finit par l'accepter grâce à l'intervention de ces deux femmes qui me soutiennent.

Les trois années qu'il passera à la maternelle l'aideront à se socialiser. Il s'efforce de vivre avec les autres enfants et se départit progressivement de sa violence. Je passe beaucoup de temps à la bibliothèque avec lui pour lui apprendre à lire, mais je me sens très vite épuisée et je prends conscience de mes limites pédagogiques. Je finis par abandonner et passe le relais aux enseignants. Tant pis pour mon orgueil déjà perdu. Je ne peux pas être à la fois dans la survie et dans la vie d'une mère « normale ».

Les soucis se succèdent. La banque s'en mêle le jour où je réalise que les aides de la caisse d'allocations familiales ne me parviennent pas. Elles sont virées sur un ancien compte oublié. Disparu des écrans de contrôle. Mon père doit négocier avec son agence bancaire pour que je puisse en ouvrir un autre, mais je n'ai droit ni au découvert, ni à une carte bleue. Il faut jongler avec les centimes, retrouver les automatismes d'une vie ordinaire. J'en crève de ne plus rien savoir, je laisse courir les factures et régulièrement on me coupe le gaz ou l'électricité. Face à ce désordre mental, l'assistante sociale m'inscrit à un atelier d'aide à la réinsertion administrative – une véritable rééducation, comme on s'entraîne à marcher sur ses deux jambes après un accident. Une formation de deux semaines pour apprendre à se lever le matin, à être à l'heure aux rendez-vous, parce que dans la rue, il n'y a ni rendez-vous ni heure fixe. Ils m'ont aussi fait manipuler des classeurs, ranger des papiers, trier des factures payées ou à payer. Un dossier pour la sécurité sociale, d'autres pour les charges, l'école, la santé. C'est là que j'ai compris que l'énergie, l'eau et l'électricité n'étaient pas gratuites, alors que je les croyais intégrées au loyer... Chaque jour est une vie à construire, chaque dossier est une trace de cette vie. Se réinsérer, c'est devenir une citoyenne à part entière, accepter les aides de l'État, et en retour, payer son dû. La rue nous exclut de la communauté des humains, elle gomme tous les droits et les devoirs civiques.

Luis est tranquille. Les factures, les délais, il s'en fiche. Il refuse toute responsabilité et passe le plus clair de son temps dans les squats avec ses copains, comme si son viol ne lui avait pas servi de leçon.

Seule à la maison, seule avec Eliott... Quelquefois je m'aventure au square avec lui et tente de nouer des relations avec les autres mamans, celles qui veulent bien me parler, celles que mon poids ne rebute pas, celles dont les enfants ont été épargnés par l'agressivité de mon fils. Elles parlent de leur merveilleux accouchement, de leur adorable progéniture, de leur mari jaloux, des grands-parents gâteux. Tout ce qui fait la normalité d'une vie. Quand vient mon tour, je change de conversation, je fais semblant d'être bien dans ma grossesse... Non, je ne redoute pas l'accouchement, oui, mon mari travaille beaucoup, oui, je suis une maman comme elles. Les grands-parents ? Ils sont loin...

Elles ne savent pas que je fais la manche. Comme ce jour-là, vers la porte de la Villette, sur ce trottoir où je reviens pendant des mois. Il fait très froid. Un homme vient souvent m'offrir un café, tôt le matin. Frigorifiée, je souris pour le remercier. Luis s'occupe d'Eliott. Cet élégant monsieur me demande alors si je suis sourde. Je secoue la tête pour lui signifier que non. Il me tend une enveloppe que j'ouvre aussitôt. Elle contient un ticket, long, rectangulaire. Je ne comprends pas. Il s'assoit par terre près de moi et me dit qu'il travaille au Zénith, une salle de spectacle toute proche. Lara Fabian y chante, il me demande si je l'aime... De quoi me parle-t-il ? Je connais le nom de Lara Fabian, mais comment lui dire que la musique ne fait pas partie de ma vie ? Dans la rue, il n'y a pas de musique, il n'y a que du bruit, des centaines de bruits qui se chevauchent et s'entrechoquent. Chez moi, dans mon appartement, il n'y a aucun son mélodieux, aucun. Luis réserve la flûte à la manche, dehors. Il sourit, m'explique que ce ticket me donne droit à une place de concert. Intimidée, surprise, je refuse, je ne peux pas aller au Zénith habillée comme une pouilleuse. Il rit et me précise que dans la foule des spectateurs, on ne regardera pas mes vêtements, que je dois réfléchir et me faire plaisir. J'ai passé ma journée à peser le pour et le contre. J'ai peur, je n'ai jamais mis un pied dans une salle de spectacle... J'en parle à Luis qui me pousse à accepter l'invitation. Un tee-shirt noir, propre et sans trous fera l'affaire, je le volerai dans un supermarché...

Mon bienfaiteur est ravi de ma décision. Et moi, quand il repart travailler, j'embrasse le ticket du concert comme on embrasse un ticket de loto gagnant ou un billet d'amour.

Devant l'immense salle pleine à craquer, j'essaie de me fondre dans la foule, le ticket miraculeux dans la main. Et la magie opère ! Je chante à l'unisson, avec des milliers de fans et une folle énergie. À la fin du concert, je n'ai pas envie de quitter ma place, j'ai des étoiles dans les yeux, dans le ventre, des mots et des harmonies dans la tête. Le lendemain, j'ai raconté mon bonheur à l'homme généreux qui me l'avait offert, mais depuis, je ne l'ai jamais revu.

Quelle folie, cette grossesse ! Mais personne ne peut m'empêcher de vouloir créer une famille, une vraie.

Nous rendons visite à mes parents quand surviennent mes premières contractions. Le bébé semble pointer son nez plus tôt que prévu. Je préfère repartir très vite sur Paris pour accoucher hors de chez eux. Nous paniquons et eux n'insistent guère pour nous garder, ils ne semblent pas inquiets. L'ont-ils jamais été ? Mon père nous raccompagne à Paris, nous roulons dans un silence de plomb, seul Eliott s'agite dans les bras de Luis. Je tiens le coup. Mon père nous laisse à l'entrée de la maternité et repart vite rejoindre sa femme.

Trop tard pour la péridurale, l'enfant arrive comme une fleur, rapidement, pas le temps de souffrir. Un petit Olivier, aussi brun que son frère, aussi pressé que lui de quitter sa mère et de respirer à l'air libre. Et moi, toujours aussi mal à l'aise à la maternité. Je redoute qu'on me prenne l'enfant. Je ne suis plus SDF, mais l'équipe médicale me trouve rebelle. J'ai du mal à parler, honteuse d'avoir exposé mon tas de chair abîmé. Une fois remise de la naissance, sur un coup de tête, comme pour Eliott, j'attrape mon bébé et je me sauve.

Rentrer chez moi, avoir un toit, être au chaud malgré le confort plus que sommaire, devenir une vraie maman, à l'abri des regards, loin des questions muettes, des regards hostiles, des jugements hâtifs. J'implore ma « mauvaise étoile ». Je n'ai jamais appris, ni reçu, les gestes de la tendresse ou de l'amour à offrir, les caresses pour rien, le temps pour jouer ou embrasser. Eliott a grandi contre moi, je ne l'ai pas pour autant cajolé ; je l'ai surtout caché et protégé.

Olivier rejette l'allaitement, moi aussi. Je préfère lui préparer son biberon, regarder mes deux enfants grandir sans les coller à moi. Notre nouveau mode de vie me le permet. Nous sommes certes loin de la normalité, mais je me sens en sécurité avec le peu que je possède. Luis trouve enfin un travail de longue durée, correctement rémunéré. Il nous donne un peu d'argent, il va et vient, instable, colérique. Il me laisse élever les petits, mais après le boulot, il retourne zoner avec ses copains.

De mon côté, je renais avec Olivier. Il m'apaise et attendrit Eliott. Il crée un pont avec son grand-père puisque nous nous retrouvons de temps en temps, dans des réunions de famille purement formelles où les conversations ne tournent qu'autour des enfants. On fait comme si. Les petits, la pluie, le beau temps, la télévision sont les meilleures parades aux fantômes du passé.

Tous les soirs, je regarde mes garçons dormir, je les aime si fort. Mais ont-ils mérité une mère comme moi qui ne leur promet aucun avenir ? Cette question me taraude encore et toujours.

Nous sommes tous là, réunis autour de ma mère, comme chaque année, pour que Noël reste une fête. Pour répondre à ses souhaits de vieille dame. Ces petits-bourgeois de province semblent croire aux liens incassables de la famille, qui permettent de sauver la face. Ils font tous semblant, moi aussi. J'ai besoin de cette hypocrisie. Cela peut paraître inouï, mais elle me rassure. Une moindre vengeance. Je suis leur « mauvaise herbe » ; on m'a arrachée, je repousse toujours, debout et plus forte.

Ils arrivent avec des cadeaux, pour les grands et les petits. En passant, je n'en avais jamais reçu un seul de ma vie, jamais ! Totalement évincée de la liste du Père Noël. Peut-être parce que je n'y croyais pas ?

Mon père est hospitalisé depuis quelques jours, en observation – problèmes pulmonaires. Deux sœurs, des beaux-frères, quelques membres de ma famille, une ribambelle de gamins et mon frère. Vieillissant, il est arrivé avec une nouvelle jeune fiancée et sa petite fille. Un grand frisson me parcourt quand je vois entrer la blondinette de cinq ans, à la peau laiteuse, innocente et timide. J'ai été comme elle, mais pas longtemps. Et elle, jusqu'à quand restera-t-elle innocente ? A-t-il déjà entrepris le massacre ?

J'ai du mal à participer à leurs faux-semblants, à cette comédie mise en scène par ma mère. J'entends les « oh », les « ah » ébahis à l'ouverture des cadeaux et les rires des enfants, mais je suis vraiment ailleurs.

Mon frère mène les conversations, il fait le paon comme toujours, on l'applaudirait presque. De temps en temps, il glisse vers moi des regards insistants, menaçants. Surtout ne bronche pas ou je te tue. Ma petite sœur aussi a repéré mes absences, elle me supplie de ne rien dire. Elle a des larmes dans les yeux, elle a peur que je gâche la fête. Quelle fête ? La fête du silence ? Celle de son enfance, de son enterrement de vie de jeune fille ?

Je ne peux pas rire avec eux, ni me taire. La tempête rugit sous mon crâne, mes mains sont moites, mon cœur s'emballe, comme si je m'apprêtais à sauter du haut d'une falaise. J'étouffe, je dois sortir dans le jardin respirer un bol d'air. Je fume une cigarette après l'autre. Je vais exploser.

Je me réfugie ensuite dans la cuisine. La fiancée de mon frère me rejoint. Sa présence à mes côtés dégoupille soudain la bombe que j'abrite depuis tant d'années, tant de Noëls.

Elle est jeune et jolie, intimidée aussi. Je lui demande si tout va bien, si elle a entendu dire des choses sur mon frère et nous. Mais non, rien, juste qu'il nous aime beaucoup. Ah, c'est sûr qu'il nous aime, d'un amour funeste… Et la petite ? Elle s'entend bien avec mon frère ? Oui, tout va bien, c'est même lui qui la garde quand elle bosse tard le soir et part tôt le matin. Le tableau est idyllique. J'en tremble. C'est foutu, c'est terrible.

Ça suffit, je balance. Je lui dis de faire attention, l'homme qu'elle aime est un malade sexuel qui nous a abusées ma sœur et moi, à l'âge de sa petite fille. J'ai allumé la mèche sans oser prononcer le mot viol. Elle me regarde, sidérée, comme si j'étais folle. Elle ne comprend pas, elle ne peut pas l'imaginer, il est si gentil avec sa fille. Et avec elle ? Elle ne répond pas.

Ma sœur arrive. Nous pleurons ensemble devant cette nouvelle recrue en état de choc. Tout le monde nous rejoint peu à peu, sauf ma mère qui trône dans son salon, sirotant avec un sourire béat son kir royal. Ne rien entendre, ne rien voir, ne rien savoir. Mon cœur bat trop fort à contenir ma révolte et les insultes que j'ai envie de hurler.

Mon frère a compris. Congestionné de colère, il déboule, s'affole. Sa fiancée lui répète mes propos, mot pour mot. Il s'élance vers moi et me gifle avec une telle violence que je tombe sur la gazinière. Ma petite sœur est pétrifiée.

Ça crie de tous les côtés, ça s'engueule. La fiancée est abasourdie, elle réalise que je lui ai dit la vérité. Mais tout le monde m'en veut, au fond, de cette déflagration en plein soir de Noël.

Oui, j'ai gâché la fête. Excusez du peu.

C'est mon cadeau de Noël, mon *Festen* à moi, à la française, dans la vraie vie. *Festen*, ce film glaçant que Minou m'a raconté, où le viol est servi en guise de dessert, autour de la table familiale.

Je file au commissariat pour porter plainte et faire un signalement de mon frère. Les gendarmes participent à la mascarade, ils rient, me rétorquent que s'il-y-avait-plainte-chaque-fois-qu'un-frère-frappe-sa-sœur-en-France-ils-ne-s'en-sortiraient-pas-et-que-s'il-n'y-a-pas-d'-attouchements-prouvés-il-n'y-a-pas-d'inceste.

Conclusion de leur expertise de haut vol, de leur compassion à la con, ils refusent de prendre ma plainte.

Fin des réjouissances.

Mon frère vit toujours avec sa fiancée.

Ma petite sœur pleure encore sur sa vie foutue.

Et moi, je cherche une vie meilleure. Je suis devenue *persona non grata* dans les fêtes de famille.

Les enfants font de beaux rêves. Le calme est presque parfait.

Je ne peins que la nuit. Dans la pénombre, ou parfois sous l'éclairage d'un rayon de lune, je prépare mon matériel, nerveusement. Je sais que le moment est douloureux, mais j'ai besoin de ce temps noir. Toile, pinceaux, tubes, grattoir, palette, chiffons, tout est réuni pour libérer mon esprit des questions matérielles. Je fais le silence en moi, je souffle, je prends mon élan et accouche de peintures sombres, dures, parce que je suis toujours en colère, je suis en rage, au désespoir. Je m'enferme dans mes souvenirs, je tourne en rond avec eux, je m'y enfonce jusqu'à les vomir. Je peins avec mes doigts, avec des couteaux pour dire cette violence, peut-être la folie. Cela peut durer une heure ou deux, je m'arrête, épuisée. Peindre pour exorciser.

Doucement, j'introduis des couleurs sur les toiles, je laisse mes pinceaux mener leur danse, ils guident mon bras, les couleurs se mélangent de manière spontanée et étonnante. Je vois naître des fleurs ou la mer, c'est beau, apaisant, hors cadre. Je reste longtemps devant mon tableau, j'essuie des larmes et je prends un café. Je suis vidée mais j'ai peint.

Les jours et les mois passent, jamais sereins mais plus calmes. Je commence même à compter les années « chez moi », au fil des anniversaires des petits que je fête avec quelques menus cadeaux à deux ou trois euros, piochés dans les vide-greniers.

Hors la rue, être mère à temps complet, je n'y arrive pas tous les jours. Les enfants rient, s'amusent, se disputent, pleurnichent. Je les emmène plusieurs fois faire la queue des heures aux Restos du cœur. Ils patientent, jamais vraiment contents mais jamais honteux. Je leur explique qu'il ne sert à rien de bougonner, qu'à défaut d'avoir un travail, je dois me battre pour les nourrir.

Eliott semble rassuré. Il ne supporte pourtant pas que le frigo soit vide. Dès qu'on a un peu d'argent, il fait des courses pour ne pas manquer. En revanche, il n'a plus peur de la rue, ni des copains en rade sous les ponts. Au contraire, quand je vais revoir des copines, il m'accompagne, discute avec les groupes, fait des tours de cartes.

Un joyeux cocon se tisse autour de moi, les mamans que je vois à la sortie de l'école, les voisines qui me sourient, les maîtresses bienveillantes. Mais ce cocon est plein de trous, ceux de ma mémoire, du porte-monnaie, les absences du père. L'éternelle recherche de vestiaires gratuits, fouillés, refouillés pour nous habiller, la récupération de tout ce qui peut servir à dormir, se laver, faire un semblant de cuisine.

Je n'oublie rien de mon enfance pourrie, des saloperies de mon frère. Rien des agressions dans la rue, du sexe tarifé et violent, des fellations en échange d'une heure sur un bout de trottoir ; rien des souffrances de Luis, des traumatismes d'Eliott, tout ce qui plane au-delà de ces murs qui aujourd'hui nous protègent. Les camarades retrouvées mortes après avoir satisfait des clients pervers et lâches. Je n'oublie pas non plus les coups de ceinture des bandes de sauvages auxquelles je refusais de me soumettre. Ni ces miroirs fracassés par mes poings quand j'avais le malheur de croiser mon reflet.

À moins d'être un jour atteinte de la maladie d'Alzheimer qui arrache la mémoire et la vie qui va avec, je sais que mes souvenirs ne me lâcheront pas. Ils sont mes cicatrices intérieures. Je ne leur demande qu'une chose, rester des souvenirs, ne plus habiller mes pensées, mes gestes, mes regards. Pour vivre, je dois les achever.

L'assistante sociale et le médecin m'exhortent à retenter une thérapie. La ronde des psys recommence. J'en vois, j'en change. À longueur de séances où je pleure plus que je ne parle, on évoque l'estime de soi. Mais moi, j'ai juste envie et peur de devenir moi. Je cherche une Anne pétillante, insouciante, pour effacer celle qui a été torpillée.

Je laisse les médecins soigner les anciennes plaies qui traînent encore, je me fais opérer du cœur grâce à l'assistante sociale qui me suit et me permet d'obtenir une carte de gratuité de la sécurité sociale pour des contrôles réguliers. En fait, mon cœur fait des « ratés », des pauses – c'est la maladie de Bouvray. J'attribuais ces symptômes à mes défaillances psychologiques. Eh bien non, le problème est fonctionnel, je suis comme tout le monde, je peux avoir des bobos « normaux » et curables. Ce qui me permet de rester quelques jours au repos à l'hôpital pendant que Luis s'occupe des petits.

Je contacte un dentiste pour réparer mes dents et mes gencives, mais je ne supporte pas qu'il me touche ; ouvrir la bouche et sentir des mains près de mon cou me panique. Comme lorsque mon frère voulait m'immobiliser, comme lorsque les violeurs de rue me faisaient taire. Alors je m'enfuis. Je trouve finalement un stomatologue, une femme, qui écoute le récit de mes viols et s'occupe de réparer ma mâchoire, déformée par une triple fracture. Elle dispense ses soins à mon rythme, en respectant mes crises d'étouffement.

Je note un jour cette phrase de James Joyce, lue dans un article de journal : « Chaque vie c'est beaucoup de jours, jour après jour. Nous marchons à travers nous-mêmes, rencontrant voleurs, fantômes, géants, vieillards, jeunes gens, épouses, veuves, frères d'amour. Mais toujours nous rencontrant nous-mêmes. »

Moi aussi je marche à travers mon corps et mon esprit jonchés de fantômes, mais je n'ai pas rencontré de frère d'amour, à part peut-être Luis. Et je ne me suis pas encore rencontrée moi-même.

Malgré les apparences de vie de famille, un long moment de déprime me saisit et s'installe. Je quitte mon lit pour préparer le petit déjeuner des enfants et j'y retourne pour pleurer et retarder le moment d'aller faire la manche. Jusqu'au jour où je me réveille, taquinée par un beau rayon de soleil. Je ne veux pas sombrer, je ne reviendrai pas sur mes malheurs, je veux me soigner coûte que coûte. J'ai la rage de vivre, la folle envie d'être une femme normale.

Entre Luis et moi, rien ne va plus. Des cris pour un oui ou pour un non, des portes qui claquent, on se réconcilie, on recommence... Tiens donc, formerions-nous un couple tout simplement « normal » ? Ne sommes-nous plus ces deux paumés, accrochés l'un à l'autre pour survivre ?

Il change peu. Moi, j'ai désormais la charge morale des enfants, une mission qui donne à ma vie un sens et une légitimité. Je l'aime, mais cela ne suffit plus. Il ne veut pas quitter la rue, il fuit l'enfermement. Nous hurlons pour nous parler. Il me reproche les aides sociales, il aimerait que l'on se débrouille seuls. Il est jaloux des autres, jaloux de mes tentatives de réinsertion. Il ne supporte pas que je collecte des vêtements et des objets pour les donner à mes amis de la rue et dénigre en permanence une petite association que je monte avec l'une de mes voisines. Elle et moi sommes novices en matière de solidarité. Ne sachant comment nous y prendre, nous passons à la mairie. Là, on nous oriente vers la Maison des associations. Une fois les statuts déposés, il nous faut un ordinateur pour lancer un appel aux dons. L'informatique, un nouveau langage que je découvre dans les cybercafés. J'y rencontre un homme réservé, mais chaleureux, qui nous aide à mettre en place la gestion de notre petite affaire et nous offre un ordinateur ainsi que quelques vêtements usagés appartenant à son fils, un peu plus âgé qu'Olivier.

Luis voit tout cela d'un très mauvais œil, il est fou, il me soupçonne d'avoir une liaison avec le généreux Suédois. Il ne comprend rien à cette mission que je me donne. Je crois que, comme moi, il a perdu la notion des rapports humains. Il donne des coups de pied aux cartons de dons qui envahissent peu à peu notre salon. Mes enfants se plaignent aussi, Eliott en a marre de voir des sacs fourre-tout et des caisses à la maison. Il veut que je sois sa mère, pas une « Mère Noël ».

– Nous vivons dans un entrepôt de stockage, me dit un jour Luis, pas dans une maison d'amour.

Ça lui va bien de dire ça. Qu'en fait-il de notre amour, à part le piétiner ? Mais je comprends que je leur fais du mal en croyant faire le bien, que le don de soi ne passe pas forcément par un dévouement illimité aux autres.

Je m'accorde tout de même un dernier coup de panache avant de décider de clôturer l'association. Un matin, mon amie et moi recevons un plein carton de cartes de jeu Pokémon, cette série de créatures que les petits collectionnent et s'échangent dans les cours de récré. Trop heureuse de posséder un tel trésor, je file dans le square en face de l'école pour le distribuer aux enfants. En quelques minutes, c'est l'émeute ! Gamins en liesse, parents affolés, la police qui débarque et m'avertit qu'il faut une autorisation. Quelle joyeuse pagaille ! Et quel plaisir de voir tous ces gosses repartir avec leur butin. J'ai fermé ma petite entreprise sentimentale, mais elle reste un bien joli souvenir.

Cette action solidaire m'a permis une incursion dans le monde virtuel. Internet, Facebook, les réseaux sociaux, l'afflux de nouvelles relations grâce aux dons qui viennent de toutes parts. Les journalistes s'intéressent à moi et à mon amie, deux femmes sorties de la dèche qui veulent en aider d'autres. Petite caresse aussi narcissique qu'éphémère.

Via Facebook, j'ai des amis, des échanges. Se créent des passerelles improbables qui n'ont rien à voir avec mon mode de vie. Je glane des informations sur les associations qui viennent en aide aux femmes ayant subi des violences. Je crée de nouveaux contacts, je m'ouvre aux autres, la nuit je skype avec Mirella et d'autres amis au Chili. Je me libère doucement, cachée par la Toile, comme on se protège derrière la paroi d'un confessionnal. J'ai la planète pour amie, Santiago, Chañaral et la cordillère des Andes pour compagnons. Je peux aimer qui je veux quand je veux, virer d'un clic ceux qui me blessent. Les mots deviennent un moyen d'exister, un pont entre les autres et moi.

Une journaliste s'intéresse à mon parcours... Flattée, j'accepte de lui raconter un peu de ma vie : je fais attention, je la sens fragile, peu préparée à tout entendre. Lorsque l'article paraît, elle reçoit une lettre pour moi et me la renvoie. Intriguée, je l'ouvre, quelqu'un m'a écrit, c'est insensé. Une femme a été touchée par mon histoire, elle me propose de la rencontrer aux puces de Clignancourt, dans sa galerie d'antiquités. C'est tout ce que je sais. J'hésite, puis j'y vais, ma curiosité l'a emporté. Je ne connais des puces que la partie des voleurs et des trafics en tout genre, mais pas l'antre des antiquaires. Cela brille, cela coûte cher, je n'ose pas regarder les étiquettes de prix. Laurence vend du rotin du XVIIIᵉ siècle, de la barbotine, des termes que j'ignore totalement. Elle loue parfois ses acquisitions pour des tournages de cinéma. On vit dans des mondes parallèles, mais Laurence est là, chaleureuse. Posant sur moi ses grands yeux bleus embués de larmes, elle me prend dans ses bras. Notre amitié naît en trente secondes. La SDF et la femme d'affaires, la belle et la clocharde !

Je la retrouve tous les dimanches, elle contacte tous ses amis pour m'aider, trouver de la vaisselle, des couvertures et surtout des jeux pour mes enfants. À mesure que ma vie se reconstruit, elle devient mon refuge. Ses amis des Puces m'adoptent aussi, ils m'ont vue arriver comme un ovni mais le café qu'ils m'offrent est toujours chaud, et les viennoiseries exquises. Un délice pour le ventre et pour le cœur. Aujourd'hui encore, j'y vais régulièrement, je me mélange aux riches clients, aux événements organisés pour les héritiers et les rentiers. Je souris timidement, je parle peu, mais je me sens bien.

Plus rien ne plaît à Luis, il me reproche tout et n'importe quoi. Il aime ses enfants, c'est sûr, mais il détruit tout ce que je fais pour les protéger. Je ne supporte plus son dénigrement systématique. Il devient brutal, il me frappe et tape sur mon petit Olivier, que je retrouve choqué. Le geste de trop. Qu'il parte, qu'il reste dehors avec ses copains puisqu'il y est si bien ! Il est temps de nous séparer.

Notre situation financière est catastrophique, Luis boit son salaire. J'en ai marre. J'ai eu peur de dénoncer mon frère, peur de faire du mal à mes parents ; cette fois, c'est moi qui suis parent et responsable. Je ne veux plus me taire. Plus déterminée que jamais, je me rends à la brigade de protection des familles affiliée au commissariat de mon arrondissement. Mon mari ne s'y oppose pas. Contre toute attente, il espère une issue à nos problèmes, il n'a plus les ressources psychologiques pour expliquer ou juguler sa violence. Si je ne réagis pas maintenant, je risque de sombrer à nouveau avec lui, de retourner dans la rue, de voir mes enfants partir en famille d'accueil.

À la brigade, l'équipe est bienveillante. Deux heures à raconter mon histoire entre deux sanglots ; la psychologue me rassure, l'assistante sociale prend contact avec celle de mon quartier. On érige un cordon psychologique et social autour de moi pour pallier ma nouvelle solitude. On reçoit mes enfants, on les écoute pour cerner l'ampleur des dégâts, et surtout, on me les rend...

Le divorce est envisagé. Oubliée la famille idéale, le repos casanier, je ne peux pas travailler, je me sens tout juste apte à élever mes petits. Luis, abattu comme moi par la décision de nous séparer, accepte néanmoins de se présenter devant le juge. Il se fait sermonner et, sur demande du procureur, est obligé de s'insérer dans un groupe de parole pour hommes violents. Pour lui, c'est un véritable électrochoc. Il se demande ce qu'il fait au milieu de ces hommes plus que paumés, que si peu de choses relient à la vie. Il plaque tout, disparaît plusieurs semaines, nous laissant complètement démunis. Je ne sais plus quoi répondre aux enfants, je n'ai plus la force de les consoler. Sur les conseils de mon médecin traitant, je les fais suivre dans un centre de psychologie infantile. À eux de s'armer, de faire le point sur ce père envolé et cette mère désespérée. J'ai assez endossé, je suis fatiguée. Je grossis encore et encore, je perds mes cheveux, je ne sais plus où trouver de l'argent.

Comble de tout, un matin de printemps, Luis réapparaît, accompagné d'une avocate – lui aussi a droit à l'aide juridictionnelle. Il souhaite emmener les enfants au Chili pour les vacances. Inutile de résister, le divorce n'a pas statué sur la garde des enfants, je n'ai aucun droit de lui refuser ce voyage. Mais je suis paniquée à l'idée qu'il ne les ramène pas.

Mes garçons partent à la découverte d'un autre monde, ils vont passer du bon temps auprès de leur père et de sa famille. Pour moi, la vie s'arrête. Je suis en suspens. Je n'ai plus de garde-fou, plus de colonne vertébrale pour me tenir debout.

Alors mes vieux démons me rappellent à l'ordre. La rue m'attire comme un aimant. Plus j'ai mal et plus je veux me faire mal, la douleur est une addiction. Impossible de rester seule chez moi sans les enfants, de renifler leur odeur dans toutes les pièces, de regarder leurs jouets inanimés, leurs lits tirés, leurs photos avec Luis, notre mariage, les sourires des petits dans ses bras. Le mur de l'entrée en est tapissé et me cueille dès que je franchis la porte de l'appartement déserté.

Je reviens à ma vie d'avant. Retrouver des copines restées sous les ponts, zoner la nuit, céder aux prédateurs pour manger et m'avilir un peu plus. Tant que le terrain n'est pas assaini, les herbes folles poussent et repoussent. Et comme un malheur n'arrive jamais seul, je me mets à boire pour oublier. À boire à l'excès, pas à petites doses comme ma mère. J'ai réussi à ne jamais céder à l'alcool pendant toutes ces années, pour rester vigilante, tenir le cap dans l'adversité, être prête à me défendre, même si parfois les agresseurs ont été plus forts. Boire, dans la rue, c'est s'abîmer un peu plus pour tenter de colmater les douleurs, physiques et morales. J'ai tant enduré que je ne voulais pas, en plus de tout, annihiler ma propre volonté. Mais la peur est revenue en force. Je préfère oublier que mes enfants ne sont pas à mes côtés, que mon ex-mari a filé avec eux... que, seule, je redeviens une proie facile.

Erreur terrible, l'alcool n'est pas un élixir de fête, surtout pas un remède contre l'oubli. Il détruit un peu plus mon corps et mon esprit. Deux mois à vivre de ces expédients, à ne plus savoir où j'habite. Deux mois de perdition, une dérive volontaire pour brûler les étapes et fuir le face-à-face avec moi-même. Tout ça pour ça. Pour revenir au point de départ quand se pointe la moindre incertitude, pour sauter à pieds joints dans tout ce qui m'a détruite.

Alors oui, évidemment, j'ai payé cher ces mois de décadence, affectée par de nouvelles maladies, dont une qui pourrait être « longue et douloureuse », selon la formule consacrée ; sans compter les crises de panique. Je ne rentre chez moi que pour cuver mes excès, ramener tout ou n'importe quoi, ou plutôt n'importe qui.

À la fin de l'été, mes enfants reviennent de leur périple chilien. Luis me les ramène sains et saufs, grandis, épanouis, heureux. J'ai honte de moi, de ma faiblesse, de mes démons. Je quitte les ponts poisseux, les beuveries, les voyous et je regagne mes pénates. Elles sont lourdes, ces pénates, mais douillettes. En retrouvant mes garçons, je sens monter en moi une très forte détermination. Plus jamais ça. Et de toute façon, la vie quotidienne est suffisamment compliquée pour m'occuper l'esprit. Auprès des petits, je me refais une santé. Malgré leur espièglerie, ils respectent mes moments de repos. Quand Luis passe voir les enfants ou prendre une douche, je le laisse gérer les devoirs. Une vie presque normale.

Dévaler une pente est toujours plus facile que la remonter. Mes crises d'angoisse me submergent, le manque d'argent aussi. Je prends tout ce qu'on me donne, je vends tout ce que je peux pour deux ou trois euros. Je continue de glaner sur les marchés. Je suis inquiète pour quelques-unes de mes copines qui vivent encore sous les ponts, elles sont en danger permanent. Je leur rends souvent visite et leur apporte des vêtements chauds que je collecte régulièrement.

J'attrape toutes sortes de béquilles pour tenir debout : antidépresseurs pour retrouver mon équilibre, soins intensifs pour traiter mes pathologies. Je m'agrippe à mon quotidien. Malgré mes insomnies, je dois me lever tôt chaque matin pour que les enfants soient à l'heure à l'école, il faut payer la cantine, remplir le frigo pour le dîner. Je dois jongler avec les horaires, tout régler pendant que mes enfants sont en classe. Et faire encore souvent la manche, passer aux Restos du cœur et dans quelques associations. Maintenir, cimenter à tout prix cette famille à laquelle je tiens tant.

Des amies, révoltées par l'impunité de mon frère, m'enjoignent de le dénoncer, lui qui m'a détruite et qui continue de me menacer, tout en faisant de son existence une parade sociale parfaitement orchestrée. Oui, mais au regard de la loi, il y a prescription. Il est intouchable. À moi seule de ramasser les morceaux pour rafistoler ma carcasse. Je dois au moins sauver les apparences et retrouver une silhouette à peu près féminine. Parler, assumer les drames et faire fondre ces kilos qui me déforment et me discriminent, quoi qu'on en dise.

Luis cultive ses errances, mais le dialogue est rétabli malgré le divorce. On se parle, on s'engueule, il obtient un contrat à durée indéterminée qui le protège et assure quelque peu nos arrières. Il prend le relais pour garder les enfants, fait les courses et les emmène se promener quand je suis occupée ou trop fatiguée.

Les enfants s'adaptent à l'école, je déploie toute mon autorité pour enfin les éduquer, les mettre sur des rails, soutenue par les enseignantes. J'en suis ravie, je n'ai pas eu le plaisir d'apprendre, l'école n'a été pour moi qu'un refuge pour échapper à ma famille. Les professeurs étaient désarçonnés par la petite fille renfrognée et triste que j'étais. Si j'ai plongé dans la lecture de dizaines de livres dans la librairie de mon père, je n'ai jamais compris le sens profond des textes. À mes enfants, donc, le luxe de se gorger du savoir, de la rigueur et des connaissances que la scolarité leur offre.

L'assistante sociale s'applique à faire toutes les démarches nécessaires pour m'obtenir – en une semaine et pas en six mois, comme c'est l'habitude – une allocation aux adultes handicapés pour viols, ce qui est assez rare. Cent trente femmes seulement en bénéficient à Paris, mais les dégâts sur mon corps sont suffisamment éloquents. Le dossier a été constitué avec l'aide de mon médecin traitant. Nous avons patiemment réuni les lettres, les certificats médicaux, les plaintes enregistrées par la police que je n'ai pas toujours déposées moi-même. Certains signalements ont été faits par le personnel des établissements où j'ai été hospitalisée, une procédure obligatoire quand les faits sont reconnus par la victime et les séquelles constatées. D'autres encore par l'assistante sociale.

Cette allocation, huit cents euros mensuels, est renouvelable tous les deux ans. Elle couvre une bonne partie des frais, mais la vie est chère à Paris. Les bailleurs HLM m'octroient l'appartement tant que la prise en charge est effective. Cette situation n'est ni un privilège, ni un luxe, mais un temps utile pour toutes les femmes dans mon cas, qui tentent de se remettre sur pied, de réfléchir à leur avenir, de garder leurs enfants avec elles sans courir le risque de les voir placés. Me voici donc fichée, reconnue comme personne fragile. Tant pis et tant mieux, c'est par ce biais notamment que j'ai admis mon statut de victime et la nécessité de sortir de cette condition.

« N'ayons pas peur d'être heureux, c'est juste un bon moment à passer. » Une de mes amies m'envoie par texto cette phrase de Romain Gary. Pourquoi pas ? Mais la peur, qu'est-ce qu'on en fait ? Il me semble que lui aussi y a succombé, il a préféré se suicider pour ne plus l'affronter. Moi, je vis encore avec, je l'ai déplacée sur mes enfants. J'ai si peur pour eux que je les investis d'une lourde mission, faire mieux que moi, que leur père, être armés pour résister aux tempêtes de la vie. Quand il y a une enquête sociale, ou si des représentants de l'Église veulent nous aider, mes garçons observent, écoutent et parlent facilement de leurs manques. Ils restent dans la pièce lorsque des femmes en détresse passent me voir pour se confier. Alors oui, mes enfants savent ce que vit et ressent une femme violée, même si la pudeur les empêche de me poser des questions sur mes propres expériences.

Tous les jours, je les supplie de ne pas céder à la facilité. La paresse est mauvaise conseillère, j'étudie donc avec eux, un peu comme si je retournais à l'école, je les emmène là où ça parle, dans des conférences ou des colloques, là où la culture a encore sa place. Je surveille leurs fréquentations et sévis quand il faut. Je les console de la honte de vivre des dons des autres, de ne jamais avoir une paire de baskets neuves, de ne jamais s'offrir un petit caprice. C'est le prix à payer, provisoire, pour ne pas rester au bord de la route.

Mon père vient me voir en douce. Il fait des courses, paie la cantine des petits. À l'insu de ma mère, bien sûr, car elle tient les comptes ; il lui ment, lui fait croire qu'il aide un ami. Mais son *imprimatur* ne s'étend pas au Web.

Grâce aux réseaux sociaux, je retrouve des cousines et des cousins avec lesquels j'avais le droit de jouer dans mon enfance, pendant des petits séjours de vacances, quand mon père s'autorisait à faire du dériveur dans le sud de la France. Bien sûr, personne ne connaissait mon calvaire à l'époque. Mes tantes me faisaient des couettes, mes oncles m'apprenaient à nager... Des liens occasionnels qui, comme dans toutes les familles, s'effritent avec le temps. Pendant que j'étais dans la rue, j'ai essayé de leur envoyer des appels au secours. Un jour, je trouve ce message sur Internet : « Je suis ta petite cousine... » Et là, une porte s'ouvre... Cette petite connaît donc mon existence ? Mais comment ? Le fait est que sa mère lui avait souvent exprimé le regret de m'avoir perdue de vue. Qu'à cela ne tienne, me voici, je suis si heureuse de retrouver une place dans ma famille. On échange nos numéros de téléphone. La petite a quinze ans, que puis-je lui dire sans l'abîmer ? Rien. Je décide d'appeler sa mère. Elle m'avoue que mon père lui a raconté mon histoire, qu'elle a pleuré d'impuissance. Elle m'appelle régulièrement depuis que l'on a repris contact. Son mari profite d'une formation à Paris pour me rendre visite. Il ne comprend pas l'inceste, la rue, tout cela lui paraît inimaginable. Il est fou de colère. Il nous invite mes fils et moi à dîner au restaurant, même s'il sait qu'il ne peut rien réparer. Ma cousine a hérité du château familial, puisqu'ils étaient les seuls à pouvoir assumer les charges et la réfection de la bâtisse. Il est certain que ça m'aurait été difficile ! Je suis heureuse de me savoir invitée dans ce lieu magique, j'aimerais le faire découvrir à mes fils, mes racines sont là-bas. Les mêmes que celles de mon bourreau. Lui y va déjà régulièrement, alors je recule et reporte ma visite à plus tard, quand je serai plus forte.

Il reste le plaisir de savoir que cette petite fille que j'ai connue, devenue mère de six filles, ne m'a pas oubliée, cela me fait chaud au cœur. Je pourrai peut-être un jour jouer à la princesse, dans un château – peut-être.

Aujourd'hui, ce sont mes enfants qui comptent avant tout. Le cocon dont je les entoure est précaire, mais réel. Je ne vole plus, je ne fais plus la manche... Je vais encore aux Restos du cœur, je continue à écumer les vestiaires gratuits. Mes enfants ont toujours un bout de pain pour se rassasier.

Moi, je navigue entre boulimie et anorexie... Je peux rester des semaines sans manger, jusqu'au malaise. Ou entrer dans une boulangerie pour acheter quatre ou cinq pains au chocolat, que j'avale illico. Je profite pleinement de toutes mes rencontres, je cherche des amitiés, des amours, des parties de rire et des silences apaisants. Je prends tout ce qu'on me donne, je m'empare de l'équilibre des autres pour consolider le mien. J'ose enfin lire des études et des articles sur les victimes de l'inceste ou les femmes violées, comme ceux de la traumatologue Muriel Salmona.

Ses textes, ses conférences, ses vidéos deviennent ma bible. Je ne suis plus seule, je commence à comprendre certains mécanismes psychologiques. Alors un soir, dans un cybercafé, je décide de lui écrire. Toute la journée, je fais la manche pour me payer une heure de connexion. Cela m'obsède, je dois lui parler, me délivrer de toutes ces pensées qui gangrènent mon cerveau. Je suis convaincue qu'elle me comprendra ! Je lui raconte tout ou presque, je me reconnais dans ses articles. Sans le savoir, elle me sauve la vie.

À ma grande surprise, elle me répond. Elle a bien reçu ma bouteille à la mer, elle a pris le temps de me lire, moi, femme perdue et suicidaire. Puis elle me raconte les groupes de parole de victimes, elle me propose d'en rencontrer une pour comprendre qu'un jour, moi aussi, je pourrai m'en sortir. J'accepte, morte de trouille... À Montparnasse, sur l'escalier qui mène à la gare, je vois venir vers moi une petite femme toute fragile, avec un sourire magnifique. Elle vient de la part de Muriel, et là, je m'effondre. Je sais, en mon for intérieur, que l'horreur s'éloigne. Une main tendue, un sourire et, derrière tout cela, une grande dame qui m'a promis de rester à mes côtés. Muriel Salmona, débordée par son travail, m'oriente vers son mari, un homme doux, un pianiste renommé qui m'aide, à sa manière, à trouver un nouvel équilibre. Me voici « adoptée ». Je vois Muriel de temps en temps, quand je vais mal et que je ne peux pas appeler mes amis. Elle me calme, elle m'explique les méandres de la mémoire traumatique, met des mots justes sur les chocs et les peurs qui m'ont brisée. Grâce à cela, j'arrive parfois à rationaliser mes crises d'angoisse, à me dire que je ne suis plus la seule femme blessée au monde, pas la seule survivante, que le continuum de la violence est aussi passé par moi. Ma culpabilité s'effrite. Je n'ai pas mérité ces agressions, ces traumatismes, la lâcheté de ma famille. Mais ma part de responsabilité, c'est mon manque de courage. Désigner mon bourreau, dénoncer mon frère, accuser mes parents de complicité. Porter plainte contre les violeurs que j'ai croisés dans la rue, réagir contre les flics qui m'ont ri au nez. Plus facile de refaire l'histoire que de la vivre.

Je sais aujourd'hui que je vis pour vivre et non plus pour mourir. Je revisite mes souvenirs grâce à une autre femme, une « coach de vie » plutôt habituée à travailler sur le burn-out en entreprise, mais qui me fait du bien. Ensemble, nous évoquons le passé et surtout l'avenir. Nous nous sommes rencontrées au sein d'une association d'aide aux SDF. Elle a un cœur énorme mais elle exige aussi que je change, pour mon bien. Pas de complainte, pas de regrets, c'est trop tard, elle préfère que nous réfléchissions ensemble, que je reprenne espoir, et que mes émotions ne soient plus un handicap.

Ce mois de septembre est plutôt doux, ensoleillé. Il invite à flâner, à picorer des lectures, des images, des moments de farniente. Je traîne à la maison pendant que les garçons sont à l'école, et je m'inquiète pour mon père, hospitalisé pour des problèmes pulmonaires. Il a trop fumé, trop supporté les avanies familiales. Il est sans doute épuisé et j'ai mal pour lui.

« Donner la parole aux victimes de violences, par l'image » : tel est l'intitulé d'une partie d'un colloque sur les violences faites aux femmes organisé par la mairie d'un très chic quartier de Paris. Une dizaine de photos de femmes, en noir et blanc, seront exposées à cette occasion.

L'annonce paraît sur Facebook, elle me tente et me rend perplexe. Mon image ? Quelle image ? Je n'en ai pas. Mon visage ? Bof, pas vraiment joli. Mon corps ? N'en parlons même pas, il n'existe pas. Donc rien à voir, rien à montrer. Et que dirait mon frère s'il savait ? Ses menaces me poursuivent encore au téléphone. Bref, j'y pense et puis j'oublie. Et j'y repense...

Après quelques jours d'atermoiements, morte de peur, je prends contact par mail. Je reçois en retour une date de rendez-vous dans un arrondissement huppé. Encore indécise, je songe mille fois à annuler. J'en parle à une amie qui propose de m'accompagner. On se promet d'aller jusqu'au bout de la démarche. Vouloir se reconstruire, c'est aussi passer à l'acte, sortir de l'ombre, ne plus rester invisible. Panique. Je n'ai rien à me mettre pour ce rendez-vous. Je cherche une tenue correcte dans un dressing pour femmes rondes. Un maquillage léger, quelques kleenex en réserve pour sécher mes larmes...

Je suis terrorisée, mais déterminée.

La responsable de l'association, le photographe et la journaliste nous accueillent chaleureusement. Je raconte mon histoire avec parcimonie, j'ai peur de les choquer par mes propos et de pleurer. Comment ne pas provoquer de répulsion ? Comment rendre audible et réel ce qui ne se voit pas ? Or, même si parfois ils semblent horrifiés, ils écoutent sans m'interrompre. La journaliste écrit, le photographe se fait oublier, il bouge à peine, il ne loupe pourtant aucune pose, aucune des émotions qui passent sur mon visage. On me regarde ? On note mes mots ? Tout cela est si nouveau pour moi qu'en sortant du rendez-vous, je me sens vidée, je m'effondre dans l'escalier. Je ne réussis à quitter l'immeuble que trente minutes plus tard, le temps de recouvrer mes esprits, de pouvoir marcher. J'ignore ce qu'ils ont pensé de moi, je ne sais même pas s'ils vont me recontacter. La journaliste n'a montré aucune émotion, si ce n'est de la stupeur. Je suis sûre qu'elle ne me croit pas, comme tant d'autres. Mais elle me rappelle quelques jours après et me demande mon accord pour exposer ma photo. Mes cris l'ont touchée. Je suis contente, une porte s'ouvre sur un autre monde. Communiquer avec d'autres victimes, des avocates, des journalistes, même pas peur ! Je me cache derrière cette fierté, prête toutefois à envoyer tout valser si c'est trop dur.

Lors du colloque, je suis une boule d'émotions, au bord des larmes à chaque échange. Parce que mon père vient de mourir. Le seul homme capable de tendresse, le témoin de mes douleurs m'a abandonnée, emporté par la maladie. Je suis dévastée, perdue au milieu de cette foule, de ces femmes qui, comme moi, ont été violentées, détruites. Et comme moi, elles sont venues. Elles sont belles, dignes, bien que leur sourire crispé démente leur décontraction apparente. Les regards mouillés se croisent et s'apprivoisent. Dans ma tête, tout se télescope, je me laisse emporter par le tourbillon. Je suis comme dans une essoreuse, bouleversée, j'échange à peine quelques mots.

Je prends le temps de regarder ma photo dans le hall de l'expo, seule. Je pleure, mais j'en suis fière. Le cliché est beau. Mes yeux si tristes sur ce fond blanc, mes lèvres qui hésitent entre le sourire et le rictus, peu importe. Cette photo est comme un étendard, une première grande victoire sur moi-même. Malgré les coups, mon corps vit, il est enfin regardé. Certains visiteurs de l'exposition me mettent la main sur l'épaule... Au début, je ne comprends pas, mais on me susurre des mots de consolation qui me font pleurer de plus belle. Je suis si intimidée par cette équipe de femmes fortes, de femmes instruites, de femmes sensibles, j'aimerais tant leur ressembler un jour, faire entendre ma voix.

Eh bien, elle va être entendue... Car sur une impulsion, presque à mon insu, je m'empare du micro au moment du débat et parle au public de mon expérience dans les commissariats, je décris les réactions diverses des flics, allant du ricanement à la compassion. Et c'est devant cette salle tout entière que je raconte, d'une voix tremblante, la rue, le nombre incalculable de viols. Je dis que je n'ai pas pu porter plainte, que les agresseurs courent toujours. Rien sur mon frère, rien sur l'inceste, c'est trop. J'entends un long, un très long silence avant de me laisser tomber sur mon fauteuil et de sentir une main caresser mon bras, celle d'une femme assise près de moi, une femme que je ne connais pas.

Voilà, c'est dit, avoué, désamorcé. Pour la première fois, je ne me plains pas, je témoigne. Je partage mon histoire, qui est, hélas, universelle. Pour la première fois, je me dis qu'elle peut être utile aux autres victimes qui veulent s'en sortir.

En rentrant chez moi, je me suis endormie, assommée par tant d'émotion. Je venais de passer l'épreuve du feu. Non seulement j'ai pu parler sans pleurer, mais de plus, grâce à cela, j'ai retrouvé cette dignité que la rue m'avait longtemps volée. J'ai enfin franchi le cap, l'effroi chevillé au corps. Les mots se sont bousculés puis sont sortis naturellement, grâce au climat de confiance et d'empathie que cette assemblée m'a renvoyé. Nous étions toutes là pour discuter, réfléchir, échanger nos témoignages. Leurs sourires me paralysaient et me rassuraient en même temps. Leur bienveillance m'a révélée. Je ne suis plus une invisible. Je suis redevenue une femme à qui on demande « Comment ça va ? », à qui on n'a pas honte d'offrir un café, à qui on peut conseiller une coiffure ou un parfum.

Les autres victimes bataillent elles aussi pour rester dignes. Elles essaient de garder la tête haute. Je ne suis plus seule. Je le sens profondément et cela me fait un bien fou. Autour de moi, je découvre une solidarité désintéressée

et intellectuelle, qui n'a rien à voir avec ce « nulle part »
d'où je viens.

Je sais que le retour à la vie normale ne fait que
commencer pour moi, parce que la précarité imprègne
toujours ma vie quotidienne et celle de mes enfants. Mais
la pauvreté n'est pas indigne, elle est juste insupportable
dans une des villes les plus belles et les plus riches du
monde.

Alors à moi d'entrer dans une autre époque de ma vie,
de chasser les pavés de ma tête et d'apprécier de pouvoir
nourrir mes enfants sans faire la manche. La dernière
marche me paraît la plus difficile à franchir, me fondre
dans la masse est effrayant. La maternité a été une chance
pour moi, je l'ai voulue envers et contre tout ; elle m'a
aidée à me mettre debout, en donnant à mes enfants ce
que je n'ai pas reçu, de l'attention et de l'amour.

Peut-on guérir de son enfance ? J'ai dit adieu à la mienne
l'année de mes six ans, mais cette question m'a hantée
longtemps, très longtemps. Elle a traversé toutes mes vies.
J'avais honte de m'exprimer, seul mon corps a parlé, or
un corps ne ment pas. Lui qui a maintes fois frôlé la mort,
qui a connu tant de maladies, lui qui a porté et donné la
vie. Cela peut paraître étrange, mais tous ces maux m'ont
tenue en éveil. Avec la même constance que la présence
de mes deux fils, ils m'ont empêchée de mourir. À force
d'aimer la vie, de chérir mes enfants, c'est aujourd'hui, au
cœur de la maturité, que je m'autorise à devenir moi-même.

À bientôt cinquante ans. Désormais, je peux me retourner sur mon existence pour en tirer un espoir solide.

Grâce aux mots, à toutes ces syllabes, ces signes accolés et articulés dans ce livre, le livre de ma vie, j'aspire à la paix. Écrire pour blesser ? Non, juste pour témoigner, pour me libérer. Même la tête sur le billot, on a tous le droit de se relever, centimètre par centimètre, de retomber et d'essayer encore. Certains jours, je me réveille paralysée par la noirceur du monde et des hommes ; d'autres matins, je suis émerveillée de sentir le soleil sur mon visage, de regarder mes enfants partir à l'école en chantonnant.

Peut-on guérir de la rue ? Cette question est bien sûr moins banale. Nous portons tous notre enfance, nous n'avons pas tous l'expérience de la rue. Et cette fois, je peux répondre : oui. Aujourd'hui, après tant d'années, je veux sourire pour ne plus pleurer, me sentir bien dans ma peau, aimer mon corps et celui de l'autre. Laisser ma mère se noyer dans le rosé sans me sentir coupable. Penser à mon père et l'aimer quand même.

Flâner dans la rue, redécouvrir la Seine, marcher sur les trottoirs sans m'y vautrer et sans risque d'y être massacrée. Photographier Paris, encore et encore, avec mon smartphone, découvrir cette ville que je connais par cœur avec un regard différent, écarter les murs gris pour y entrevoir des lueurs dorées. Parler à un homme en toute quiétude, accepter son regard sans craindre autre chose. Manger sans faim, ne pas penser à me décrasser mais prendre une douche, sentir la chaleur et pas seulement le froid. Effacer la couleur du bitume, retrouver celles du monde.

Appréhender la douceur, éprouver les caresses, oublier la violence.

La promesse

Dimanche 2 février 2014, dix-neuf heures

Hôpital Bichat, service des maladies infectieuses, une chambre au fond d'un couloir blanc.
Je suis avec mon amie Michèle. Son fils et sa famille sont là aussi. Nous avons allumé des bougies. Michèle va mourir, tout le monde le sait mais personne n'est prêt. Ses yeux sont fermés, elle est recroquevillée, minuscule, au fond de ce lit blanc.

On a tout vécu ensemble, la rue, la manche, sa maladie, ses coups de folie.
Solidaires, désespérées mais unies. Je ne lui ai jamais lâché la main.
Elle se demandait pourquoi moi, je m'en étais sortie, et pas elle.
Elle hurlait de colère contre la vie il y a encore si peu de temps.

221

Nos amies de la rue mouraient une par une sous la violence des coups ou des maladies attrapées sur les pavés.

La maladie a vaincu le corps de mon amie Michèle.

Elle me serre la main, entrouvre les yeux dans un sursaut d'énergie et, cherchant ses mots, me dit :

– Anne, ton livre, tu l'écriras ? Pour nous deux. Tu raconteras nos vies. Nos souffrances. Les Russes. Les rires aussi, nos nuits de rire. La violence…

– Oui Michèle, je vais essayer.

– Essaie, tu es forte, pas moi. Je t'aiderai du paradis.

– Je te promets.

Quelques minutes plus tard, nous l'entourons de tout notre amour pour son dernier souffle. Elle est partie en paix, son cœur s'est arrêté de battre.

Je lui ai promis. Ce livre, vous l'avez entre les mains. De là-haut, elle vous sourit.

RÉALISATION : NORD COMPO À VLLENEUVE-D'ASCQ
IMPRESSION : CPI FRANCE
DÉPÔT LÉGAL : JANVIER 2016. N°110610 (132504)
IMPRIMÉ EN FRANCE